穿越百年中国梦

吕章申题

国家出版基金项目
NATIONAL PUBLICATION FOUNDATION

顾　问：吕章申
主　编：陈履生
副主编：白云涛

穿越百年中国梦

艰难探索

写给孩子的"四史"学习教育读本

刘建美◎著

SPM
南方传媒　新世纪出版社

·广州·

图书在版编目（CIP）数据

艰难探索/陈履生主编；刘建美著. — 广州：新世纪出版社，
2017.12（2025.5 重印）

（穿越百年中国梦丛书）

ISBN 978-7-5583-1009-6

Ⅰ.①艰… Ⅱ.①陈… ②刘… Ⅲ.①中国历史—现代史—
少年读物 Ⅳ.① K270.9

中国版本图书馆 CIP 数据核字（2017）第 297000 号

出 版 人：陈志强　　　　　　　　策　 划：宁　伟

责任编辑：宁　伟　　　　　　　　特约编辑：耿　谦

责任技编：王　维　　　　　　　　责任校对：陈　雪

排版设计：大有图文

艰难探索　JIANNAN TANSUO

陈履生 / 主编　　刘建美 / 著

出版发行：南方传媒 SPM 新世纪出版社 （广州市大沙头四马路 10 号）

经　　销：全国新华书店

印　　刷：三河市嵩川印刷有限公司

规　　格：880mm×1230mm　1/32

印　　张：4.25

字　　数：62 千字

版　　次：2017 年 12 月第 1 版

印　　次：2025 年 5 月第 6 次印刷

定　　价：39.00 元

如发现印装质量问题，影响阅读，请联系调换：

北京广版新世纪文化传媒有限公司

销售热线：010-65545429

[书中图片由中国国家博物馆提供]

目　录

contents

扫码体验

VR融媒"四史"云课堂
"四史"学习就在我身边

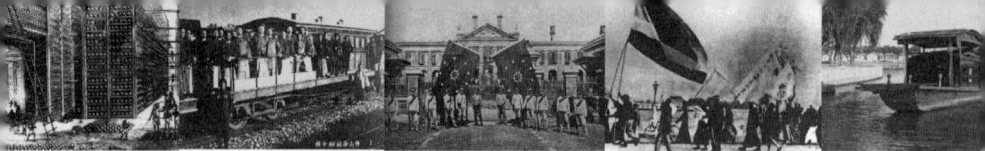

"穿越百年中国梦" 总序

　　2012 年 11 月 29 日, 党的十八大闭幕刚刚半个月, 习近平总书记率新一届中央政治局常委, 来到中国国家博物馆参观《复兴之路》基本陈列。

　　那天上午, 习近平总书记一行轻车简从, 9 时许来到国家博物馆, 进入《复兴之路》展厅参观。一件件实物, 一幅幅照片, 一张张图表, 一段段视频, 把大家带回到近代以来跌宕起伏、波澜壮阔的难忘岁月。在 19 世纪末列强割占领土、设立租借地、划分势力范围示意图前, 在鸦片战争期间虎门抗英的大炮前, 在反映辛亥革命的文物和照片前, 在《共产党宣言》第一个中文全译本前, 在中华人民共和国第一面五星红旗前, 在党的十一届三中全会照片前, 习近平总书记不时停下脚步, 认真观看, 详细询问相关历史背景和文物情况。

　　在参观过程中, 习近平总书记发表了重要讲话。他说,《复兴之路》这个展览, 回顾了中华民族的昨天, 展示了中华民族的今天, 宣示了中华民族的明天, 给人以深刻教育和启

中国国家博物馆前馆长　吕章申

示。中华民族的昨天，可以说是"雄关漫道真如铁"。近代以后，中华民族遭受的苦难之重、付出的牺牲之大，在世界历史上都是罕见的。但是，中国人民从不屈服，不断奋起抗争，终于掌握了自己的命运，开始了建设自己国家的伟大进程，充分展示了以爱国主义为核心的伟大民族精神。中华民族的今天，正可谓"人间正道是沧桑"。改革开放以来，我们总结历史经验，不断艰辛探索，终于找到了实现中华民族伟大复兴的正确道路，取得了举世瞩目的成果。这条道路就是中国特色社会主义。中华民族的明天，可以说是"长风破浪会有时"。经过鸦片战争以来170多年的持续奋斗，中华民族伟大复兴展现出光明的前景。现在，我们比历史上任何时期都更接近中华民族伟大复兴的目标，比历史上任何时期都更有信心、有能力实现这个目标。讲到这里，总书记环顾大家，深情阐述"中国梦"。他说："现在，大家都在讨论中国梦，我以为，实现中华民族伟大复兴，就是中华民族近代以来最伟大的梦想。这个梦想，

凝聚了几代中国人的夙愿，体现了中华民族和中国人民的整体利益，是每一个中华儿女的共同期盼。""实现中华民族伟大复兴是一项光荣而艰巨的事业，需要一代又一代中国人共同为之努力。"总书记最后强调："我坚信，到中国共产党成立100年时全面建成小康社会的目标一定能实现，到新中国成立100年时建成富强民主文明和谐的社会主义现代化国家的目标一定能实现，中华民族伟大复兴的梦想一定能实现。"

我有幸全程陪同习近平总书记参观，为总书记一行讲解展览，并现场聆听习近平总书记关于"中国梦"的重要讲话，感受颇深，终生难忘。习近平总书记提出实现中华民族伟大复兴的"中国梦"，是时代的最强音，凝聚了全球中华儿女的心，成为激励中华儿女团结奋进、实现中华民族伟大复兴的一面精神旗帜。

《复兴之路》基本陈列回顾了1840年鸦片战争以来100多年间，陷入半殖民地半封建社会深渊的中国各阶层人民，在屈辱和苦难中奋起抗争，为实现民族复兴进行的种种探索，特别是中国共产党领导各族人民争取民族独立、人民解放、国家富强、人民幸福的光辉历程。习近平总书记参观《复兴之路》并提出实现中华民族伟大复兴的中国梦命题后，中央国家机关、部队、企事业单位、社区街道、社会团体、学校等纷纷来到中国国家博物馆，沿着习近平总书记的足迹，参观《复兴之路》展览。《复兴之路》展览成为爱国主义教育的重要课堂。

2014 年，习近平总书记在有关讲话和批示中指出："历史是最好的教科书"，"让文物说话、把历史智慧告诉人们，激发我们的民族自豪感和自信心，坚定全体人民振兴中华、实现中国梦的信心和决心"。中国国家博物馆和广东新世纪出版社有限公司落实习近平总书记的指示，以《复兴之路》基本陈列为基础，经过 3 年多艰苦工作，编写和出版了这套"穿越百年中国梦"丛书。组织和参与编写这套丛书的同志，大多数参加了《复兴之路》展览的内容设计和布展工作，有的还现场聆听了习近平总书记关于"中国梦"的重要讲话。他们对《复兴之路》基本陈列不但理解深刻，而且怀有深厚感情。

习近平总书记指出："中国梦归根到底是人民的梦"，"有梦想，有机会，有奋斗，一切美好的东西都能够创造出来"。习近平总书记希望广大青少年要勇敢肩负起时代赋予的重任，志存高远，脚踏实地，努力在实现中华民族伟大复兴的中国梦的生动实践中放飞青春梦想。

我相信，这套丛书的重印出版，对广大青少年牢记习近平总书记"不忘初心"的嘱托，更好地开展党史学习教育，增强实现中华民族伟大复兴中国梦的责任感，一定会起到促进作用。

吕章申

前　言

中国现代史学会会长　郭德宏

中华民族是一个有着自己梦想，特别是美好社会理想的民族。

两千多年前，我们的古圣先贤，就有"小康"和"大同"的社会理想。那时的"小康"理想，就是家家丰衣足食，人人遵守礼仪，互相谦让。那时的"大同"理想，就是天下人如同一家人，家家幸福，人人愉快，"路不拾遗，夜不闭户"。由于历代封建统治者都不代表广大人民群众的利益，古圣先贤"小康"和"大同"的社会理想都没有实现。

勤劳智慧的中国人民，创造了光辉灿烂的古代文明：强盛的汉代，繁荣的唐代，辽阔的元代，清初的盛世。那时，与世界上其他大多数国家和地区相比，中国富饶、强盛、文明、进步。用现代语言表述，那时的中国是"发达国家"，其他那些国家和地区则是"发展中国家"。然而，由于帝国主义入侵和封建主义统治腐败，中国落后了。从1840年鸦片战争中国战败到19世纪末，中国逐渐沦为半殖民地半封建社会，陷入将要亡国灭种的深渊。

从1840年鸦片战争开始，当时一些思想先进的中国人就在寻求救国救民之道。林则徐、魏源开眼看世界，地主阶级的洋务运动，资产阶级维新派的戊戌变法，都试图在不根本触动封建统治的前提下富国强兵，但是都失败了。1894年孙中山创立革命团体兴中会，首次提出"振兴中华"口号。1902 年康有为完成《大同书》的写作，期望中国实现古圣先贤所憧憬的大同世界。1902 年梁启超发表《新中国未来记》，1904 年蔡元培发表《新年梦》，都憧憬中华复兴，雄立世界。近代以来，每一个中国人都满怀着复兴中国、振兴中华的梦想。但在半殖民地半封建社会的旧中国，中国人民的这一梦想不但没有实现，反而遭受着越来越严重的民族苦难。

1921 年，伟大的中国共产党成立，超越古圣先贤"小康"和"大同"的社会理想，提出了夺取反帝反封建胜利、建立人民当家做主的政权、最终实现人类最美好最理想的共产主义社会的奋斗目标。中国共产党肩负起民族独立、人民解放的历史重任，领导中国人民，经过浴血奋战，于 1949 年建立了人民当家做主的中华人民共和国。新中国成立，是中华民族由衰落走向强盛的历史转折点，开启了中华民族伟大复兴的新纪元。

中华人民共和国成立后，毛泽东、周恩来等老一辈革命家，领导全国各族人民为实现国家富强、人民共同富裕的新的历史任务而奋斗。在党的领导下，中国确立了社会主义基本制度，成功实现中国历史上最伟大最深刻的社会变革，为中华民族的伟大复兴奠定了制度基础。与此同时，中国共产党领导全国人民进行大规模经济建设和文化建设，取得了旧中国几百年几千年所没有取得的成就，为实现中华民族伟大复兴奠定了基本的物质基础。

1978 年改革开放以来，以邓小平、江泽民、胡锦涛同志为主要代表的中国共产党人，全面推进社会主义现代化建设。神州大地，生机勃发。2010 年，中国国内生产总值（GDP）达 40 万亿元，成为仅次于美国的世界第二大经济体，并一直保持至今。伴随着各方面的迅猛发展，中国迅速走向繁荣，国际地位不断提高，国际影响力日益扩大。中国步入世界强国之列，为实现中华民族伟大复兴创造了现实条件。

2012 年 11 月 29 日，习近平总书记率新一届中央政治局常委参观中国国家博物馆《复兴之路》基本陈列。习近平总书记在这里向全世界宣示"中国梦"，重申"两个一百年奋斗目标"，既是中国共产党对全国人民的郑重承诺，是党和国家面向未来的政治宣言，也是中华民族伟大复兴的总动员。中国的伟大发展，又一次站在新的历史起点上；中华民族的伟大复兴，揭开了历史新篇章。

以习近平同志为核心的党中央，"不负重托，不辱使命"，在实现中华民族伟大复兴中国梦的推动下，国民经济继续稳步发展，中国的国际地位更加提高，国际影响力更加扩大。我们现在比历史上的任何时期都更加接近中华民族伟大复兴这个目标，我们现在比历史上任何时期都有信心、有能力实现这个目标。

中国梦连接着过去与现在、历史与未来，连接着国家与个人、中国与世界。拥有五千多年文明历史的中华民族，曾经创造了辉煌的古代文明，走在世界前列，为人类社会发展做出了巨大的贡献。今天，中华民族的伟大复兴，不仅造福中国人民，而且造福世界人民。已经步入世界发展中大国的中国，理应承担起大国责任，对人类社会的发展进步，做出更大的贡献。

"穿越百年中国梦"丛书回顾了1840年鸦片战争以来一百多年间，陷入半殖民地半封建社会深渊的中国各阶层人民，在屈辱和苦难中奋起抗争，为实现民族复兴进行的种种探索，特别是回顾了中国共产党领导全国各族人民争取民族独立、人民解放、国家富强、人民幸福的光辉历程。这套丛书深刻揭示了历史和人民为什么和怎样选择了马克思主义，选择了中国共产党，选择了社会主义道路，选择了改革开放；深刻揭示了历史和人民为什么必须始终坚持高举中国特色社会主义伟大旗帜不动摇，坚持中国特色社会主义道路不动摇；昭示出没有共产党就没有新中国，就没有中国特色社会主义，只有社会主义才能救中国，只有改革开放才能发展中国、发展社会主义、发展马克思主义。

我相信，这套丛书的重印出版，能够使广大青少年读者更加深入地了解中华民族近代以来反对外来侵略史、人民解放的抗争史，了解中国共产党领导全国各族人民为中华民族伟大复兴而奋斗的创业史和改革开放史，为实现国家富强、民族振兴、人民幸福的中华民族伟大复兴的中国梦，夺取新时代中国特色社会主义伟大胜利，提供令人振奋的精神动力。

郭德宏

从 1956 年中共八大到 1966 年"文化大革命"爆发，是新中国社会主义建设全面展开和对建设社会主义道路进行艰难探索的 10 年。这 10 年间，由于党内"左"倾思想的发展和指导方针上的严重失误，加上当时复杂的国际形势和自然灾害影响，我国的建设事业历经曲折，甚至遭受严重挫折。但在中国共产党的领导下，全国人民克服重重困难，经过艰苦卓绝的努力，在工业、交

艰难探索

通运输、文化科技、外交等领域取得了很大成就，为后来的社会主义建设奠定了重要的物质、技术基础。在此过程中，党和人民群众为建设社会主义事业焕发出巨大的热情和力量，表现出了独立自主、艰苦创业、勤俭建国的时代精神，涌现出一批优秀典型和先进人物。社会主义建设事业在战胜重重困难后，重新出现欣欣向荣的景象。

I 第一章
摸索前行

1. 中共八大

1956 年 9 月 15 日至 27 日，中国共产党第八次全国代表大会在首都北京召开。这是中华人民共和国成立后召开的第一次全国代表大会，距 1945 年在延安召开的"七大"已经 11 年。

中共八大是新中国发展到重要历史转变时刻召开的一次重要会议。当时，社会主义改造基本完成，标志着中国的社会主义制度基本确立，我国开始进入社会主义社会新时期。这时的中国共产党，也已经发展成为一个拥有 1 000 多万党员的强大执政党。面对新形势和新任务，党迫切需要总结经验，统一全党认识，绘就建设社会主义的蓝图。

这次大会，共有 1 026 名党员出席，代表着当时全国 1 073 万名党员。应邀列席大会的，还有 50 多个国家的共产党代表或工人党代表团，以及中国各民主党派和无党派民主人士代表。毛泽东主席主持大会并致开幕词，刘少奇、邓小平、周恩来分别做了报告。大会正确分析了国内主要矛盾的变化，明确了党和国家工作的重点。

社会主义改造基本完成后，我国无产阶级同资产阶级之间的矛盾基本上已经解决，几千年来的阶级剥削制度基本结束，社会主义制度在我国已经基本建立起来。国内的主要矛盾，是人民对于建设先进的工业国家的要求同落后的农业国家的现实之间的矛盾，是人民对于经济文化迅速发展的需要同当前经济文化不能满足人民需要的状况之间的矛盾。这一矛盾的实质，在我国社会主义制度已经建立的情况下，是先进的社会主义制度同落后的社会生产力之间的矛盾。

因此，党和全国人民当时的主要任务，就是要集中

1956 年 9 月 15 日至 9 月 27 日，中共八大在北京隆重召开。图为大会主席台

力量来解决这个矛盾，把我国尽快从落后的农业国变为先进的工业国。大会做出了党和国家的工作重点必须转移到社会主义建设上来的重大战略决策。

　　大会总结第一个五年计划的经验教训，确定了既反保守、又反冒进，即在综合平衡中稳步前进的经济建设方针。大会对社会主义所有制结构、经济运行的调节机制和市场问题做了积极探索。大会还强调反对主观主义、官僚主义、宗派主义、个人专断和个人崇拜，坚持党的群众路线、民主集中制和集体领导原则等问题。大会第一次明确提出宏伟目标：要把我国建设成为一个具有强大现代化工业、现代化农业、现代化交通运输业、现代化国防的伟大的、富强的、先进的社会主义国家。

9月28日，中共八届一次全会选举产生了新的中央领导机构：毛泽东为中央委员会主席，邓小平为中央委员会总书记，毛泽东、刘少奇、周恩来、朱德、陈云、邓小平为中央政治局常委。

今天看来，中共八大在探索中国社会主义道路方面具有里程碑式的意义。大会提出和初步解决了社会主义建设中的许多重大问题，特别是关于我国社会主义主要矛盾的理论以及党和国家工作重心转移到社会主义建设上来的决策，具有历史性意义。

2.　"大跃进"运动

1957年以来，社会主义建设的各条战线出现了加快发展的势头，人民群众热情高涨。在此形势下，这年冬季，全国掀起了以兴修水利为中心的冬季农业生产高潮，实际上拉开了农业"大跃进"的序幕。1958 年 5 月，在北京召开的中共八大二次会议通过了"鼓足干劲、力争上游、多快好省地建设社会主义"的总路线。在该总路线的指引下，以高指标、瞎指挥、浮夸风、"共产风"为主要标志的"大跃进"运动，在全国迅速发动起来。

"大跃进"表现在农业方面，主要是对农作物产量的估计严重浮夸，要求农业产量成倍甚至几十倍地增长。1958 年的粮食产量要比 1957 年增产 80%，要由 3 900 亿斤达到 7 000 亿斤左右，1959 年要比 1958 年再增产 50%，由 7 000 亿斤左右达到 10 500 亿斤。为此，各地打破科学技术常规，不断谎报高产。广西某农业社报出水稻亩产 13 万多斤，青海某农场报出小麦亩产 8 500 多斤。《人民日报》也"适时"发出了"人有多大胆，地有多大产"的宣传报道。这种天文数字级的粮食产量，违背自然规律，理论上或可有之，事实上绝无可能。这种大规模的虚夸，搞乱了国民经济，搅乱了人们的头脑。

"大跃进"表现在工业方面，主要是钢产量指标的不断提高。1958 年的钢产量要比 1957 年翻一番，由 535

"大跃进"期间，江苏武进县和常州市郊农民采取"打擂台"形式，争报高产，竞放"卫星"

万吨达到 1 070 万吨；1959 年要比 1958 年再翻番，由 1 070 万吨达到争取 3 000 万吨。为完成产钢任务，全国掀起了全民大炼钢铁的群众运动。在全国各行各业的支援下，大批群众采取土法炼铁、炼钢，小土炉、小高炉遍地开花。到 1958 年年底，钢产量达 1 108 万吨，但合格的仅有 800 万吨。钢铁生产指标虽然"完成"了，但以全民大炼钢铁为高潮的"大跃进"运动却给国民经济造成了严重后果：由于技术不合格，炼出了大量废铁；因铁矿不足，群众不得不中断农业生产上山采矿，导致粮食产量大减，有的地方甚至将群众生活用的铁锅和其他铁器砸碎炼铁，最终被炼成一个个废铁疙瘩；因燃料不足，群众只好上山伐木，把一座座青山砍光；因劳力不足，在农业秋收大忙的季节强壮劳动力都被抽去炼铁，造成农业虽然丰产但未能丰收。

在全民大炼钢铁的带动下，电力、交通、水利、文教等各行各业也兴起"大跃进"，并严重泛滥开来。这种完全违反客观经济规律的大规模群众性的盲目蛮干，造成人力、物力、财力巨大浪费，经济效益低下，人民生活发生困难。

"大跃进"期间，河南信阳郊外的土高炉群

这种情况引起了中共中央，特别是毛泽东主席的注意。从1958年11月开始，中央召开了一系列会议，开始纠正已觉察的错误。至1960年6月，"大跃进"运动宣告结束。

"大跃进"运动是探索社会主义道路过程中遭受的一次严重挫折。"大跃进"运动的开展，反映了中共中央和毛泽东等领导人力图在探索建设社会

历史掌故

"赶超英国"口号

"赶超英国"是"大跃进"时期曾经盛行的口号。1957年11月，毛泽东主席率领中国代表团赴苏联参加在莫斯科召开的社会主义国家共产党、工人党代表会议。在会上，苏共领导人赫鲁晓夫提出，苏联要用15年时间赶上或超过美国。毛泽东提出，中国用15年时间赶上或者超过英国。此后，"赶超英国"便成为动员人民积极投身社会主义建设的行动口号。在"赶超英国"口号下，钢产量指标不断提高。为完成钢产量任务，全国掀起了大炼钢铁运动。15年赶超英国的设想，反映了党中央尽快改变中国落后面貌的雄心壮志，但为完成钢产量赶超指标而采取的冒进措施，则有违经济发展的客观规律。

主义道路中打开一个崭新局面的真诚愿望，也反映了党和人民群众希望在破除迷信、奋发努力、为民族振兴和社会主义发展有所作为的可贵精神。但是，由于我们的党对社会主义建设经验不足，对经济发展规律和中国经济基本情况认识不足，更由于一些中央领导人急于求成，夸大主观意志和主观努力的作用，在没有经过认真的调查研究和试点试验情况下，就轻率地发动了"大跃进"运动，从而付出了巨大代价。

3. 人民公社化运动

随着全国掀起"大跃进"运动，农村地区开始掀起人民公社化运动。

1957 年冬，在农业生产高潮中，一些地区为便于实施农田水利建设和开展农业协作，开始将原有的农业合作社、生产队进行联合或合并。毛泽东主席对此给予了肯定和倡导。在"大跃进"急躁冒进情绪的影响下，各地很快开展起小社并大社的工作。1958 年 8 月，毛泽东

北戴河会议后，全国很快形成人民公社化运动高潮。图为安徽舒茶人民公社成立大会

在视察河南新乡县七里营人民公社时，称赞"人民公社名字好"。在山东视察时，他又说："不要搞农场，还是办人民公社好，和政府合一了，它的好处是，可以把工、农、商、学、兵合在一起，便于领导。"消息公开后，"人民公社好"的口号传遍全国，许多地区出现了小社并大社及大社转公社的热潮。

1958年8月，在北戴河召开的中央政治局扩大会议通过了《中共中央关于在农村建立人民公社问题的决议》，强调人民公社将是建成社会主义和逐步向共产主义过渡的最好的组织形式，它将发展成为未来共产主义社会的基层单位。会后，全国迅速掀起了人民公社化运动。短短几个月内，全国农村就实现了人民公社化。到1958年年底，全国74万多个农业社改组合并成为2.6万多个人民公社，参加公社的农民有1.2亿多户，占全国总农户的99%以上。

人民公社实行"政社合一"的体制，其基本特点是"一大二公"。所谓"大"，指规模和经营范围大，原来一二百户的农业合作社合并成4 000～5 000户的人民公社，一般是一乡一社，有的甚至是数乡一社；所谓"公"，指公有化程度高，原来农业合作社的土地、农具、牲畜及社员的自留地、农禽家畜等均为集体所有，大办敬老院、幼儿园等公共事业，公社对劳动力、财物无偿调拨，甚至对社员的财物也无偿占有。

人民公社公有化的突出表现之一，是公社按人口免费供应粮食，以生产队为单位组织公共食堂。农民吃饭不要钱、不定量，一日三餐，集体统做统吃。全国有数百万个食堂，农民走遍全国都可在公共食堂吃饭。人

北京玉渊潭人民公社的公共食堂

民公社推行的公有制，实际上是搞平均主义，严重侵犯了农民的经济利益，挫伤了集体和农民的积极性，使农村经济陷入混乱状态。人民公社化后，农业总产值连年下降。

1958 年 11 月后，毛泽东等中央领导人开始觉察、修正人民公社中存在的问题，但问题并没有真正解决。直到 1983 年，农村普遍建立乡政府，政社合一的人民公社才正式结束。

人民公社化运动是"大跃进"的产物，是探索建设社会主义道路过程中的又一严重失误。它企图在生产力不发达的基础上建立一个所谓平等、平均、公平的社会，使中国早日过渡到共产主义。这显然超越了中国当时的社会生产力发展水平，是一种空想。由于严重脱离现实，人民公社化运动没有达到预期目标，反而使国家经济建设遭受严重挫折。

4. 大兴调查研究之风

"大跃进"和人民公社化运动中日益严重的浮夸风、"共产风"、干部特殊风、强迫命令风、瞎指挥风（简称"五风"），造成了国民经济比例严重失调和群众生产生活困难。对此，毛泽东主席有所觉察，并对工作失误进行了反思，强调要搞好调查研究。

1960 年 12 月 26 日，毛泽东在 67 岁生日这天以无肉无酒的便宴招待身边的工作人员时，心情沉重地对大家说："现在老百姓遭了灾。你们都出去搞些调查研究。人民公社大办食堂，到底好不好？把情况反映上来。要讲实话，不许说假话，不许隐瞒欺骗！"1960 年年底到

毛泽东接见湖南调查组的全体同志

1961 年年初，中共中央在北京召开会议，毛泽东在会上号召全党大兴调查研究之风，一切要从实际出发，要求 1961 年成为"实事求是年""调查研究年"。此后，全党迅速兴起了调查研究之风。

党中央领导人率先垂范、身体力行，组织调查组或亲自深入实际进行调查研究。毛泽东主席组织了 3 个调查组，分别由他的秘书胡乔木等率领，赴浙江、湖南、广东农村进行深入、系统的调查。毛泽东本人也在由北京到广州的南下途中，同河北、山东、江苏、江西、湖

1961年4月28日至5月14日，周恩来到河北邯郸地区调查时和干部座谈

南和广东等省负责人深入交谈，了解人民公社体制和公共食堂中的问题。

周恩来总理去到河北邯郸地区、武安县和天津等地调查。在河北伯延公社，周恩来走访了几十户社员家庭，视察生产队集体食堂，查看社员的伙食，并与群众同吃玉米面糊。在同社员座谈时，有群众尖锐地说："这两年生活一年不如一年；如果再这样下去两年，连你也会没有吃的。"经调查，周恩来提出了人民公社存在的问题：

绝大多数社员，包括妇女和单身汉都愿意回家做饭，不愿吃公共食堂；社员不赞成供给制；社员迫切要求恢复到高级社时评工记分的办法，并发展为包产到生产队，以产定分，包活到组；等等。对周恩来所做的这些调查研究，毛泽东曾相当重视。

国务院副总理陈云到上海青浦县小蒸公社进行了15天调查，召开了10

事实真相

毛泽东不相信亩产万斤

1958年11月14日下午，在湖北孝感车站，时任湖北省委第一书记的王任重带着省委和孝感地委、县委部分领导干部登上了毛主席乘坐的专列，参加毛泽东主持的座谈会。王任重说他们这里朋兴乡有一块高产田，亩产万斤稻谷。在当时，"万斤田"是较为保守的，有地方甚至吹嘘亩产10万斤。毛泽东摇摇头说："我不相信。"王任重表示产量经过农村工作部部长王良的亲自验收。毛泽东还是不信，说："验收的也靠不住，除非派解放军站岗放哨，单收单打，才能算数。"北戴河会议之后短短两个月，他就已开始感觉到"浮夸风"，此次座谈更觉其中大有水分，深感纠正"大跃进"中出现的种种问题很有必要。

刘少奇在湖南长沙和宁乡农村调查期间召开座谈会时做的记录

次专题座谈会。他特别在小蒸公社观察了全社 15 个养猪场中的 10 个，并召开了 2 次养猪问题座谈会。座谈中他了解到私养母猪养得好，产仔猪多，仔猪成活率高；相反，公养母猪空怀多，流产多，仔猪死亡多。因此，要发展养猪事业，就必须把母猪下放给社员私养。根据陈云的意见，公社决定将集体养猪场集中饲养的母猪统统由原饲养户领回家私养。这一措施使群众深受鼓舞。

其他领导人也分赴各地进行实地调查。刘少奇到湖南宁乡县和长沙县生活了 44 天，并深入细致地进行调查研究。朱德到上海、浙江、福建、江西、广东等省市进行了调查。邓小平、彭真领导 5 个调查组到北京顺义、怀柔两县进行调查。中央和各中央局、国务院各部门，以及各省、市、自治区党政负责人也都纷纷下去，深入到县、社、队进行重点调查。

由毛泽东倡导的全党调查研究之风，有力地推动了国家经济政策的调整。

5. 七千人大会

七千人大会是中华人民共和国成立以来中国共产党召开的规模最大的一次会议。

1958 年以后，"大跃进"运动的弊端逐步显现。1959 年，许多地方又发生了严重的自然灾害，导致国民经济出现严重困难和全国性的粮食短缺。对此，中共中央开始纠正已觉察的错误。

1961 年 1 月，党的八届九中全会通过了对国民经济实行"调整、巩固、充实、提高"的八字方针，及时对"大跃进"各方面的政策进行调整。为进一步总结"大跃进"以来的经验教训，统一全党认识，动员全党更坚决地执行国民经济调整方针，1962 年 1 月 11 日至 2 月 7 日，中共中央在北京举行中央工作扩大会议。参加会议的有中央和省、地、县委四级主要负责人以及部分大厂矿和军队的负责干部，共 7 118 人，故又被称为"七千人大会"。

七千人大会由毛泽东主席主持。会议前一阶段主要讨论和修改刘少奇代表中央提出的书面报告。报告比较系统地初步总结了"大跃进"以来经济建设工作中的经验教训。刘少奇提出了工作中的缺点和成绩的关系恐怕是三个指头和七个指头的关系，指出有的地方是"三分天灾，七分人祸"。

会议认真分析了产生缺点和错误的原因：一方面是由于在建设工作中的经验不够；另一方面是几年来党内不少领导同志不够谦虚谨慎，违反了党的实事求是和群众路线的传统作风，削弱了民主集中制原则，妨碍了党及时地、尽早地发现问题和纠正错误。

会议总结了 1958 年以来社会主义建设的经验教训，对 1962 年的生产任务和工作做了具体部署，并强调必须踏踏实实地、干劲十足地做好国民经济调整工作。

会议的后半阶段转为"出气"会，意思是大家有气

七千人大会期间，毛泽东、刘少奇、周恩来、朱德、陈云、邓小平在一起交流讨论

都说出来，开展批评与自我批评。毛泽东号召与会者发扬民主，"白天出气，晚上看戏，两干一稀，大家满意"，并提出 7 000 余人一起在北京过春节。

与会者群情高昂。对"大跃进"中的缺点和错误，毛泽东在会上做了诚恳的自我批评："凡是中央犯的错误，直接的归我负责，间接的我也有份，因为我是中央主席。""第一个负责的应当是我。"邓小平、周恩来等其他中央领导人，也做了自我批评。

七千人大会是中华人民共和国成立以来中国共产党

事实真相

毛泽东在大会上的发言（节选）

在社会主义建设上，我们还有很大的盲目性。社会主义经济，对于我们来说，还有许多未被认识的必然王国。拿我来说，经济建设工作中间的许多问题，还不懂得。工业、商业，我就不大懂。别人比我懂，少奇同志比我懂，恩来同志比我懂，小平同志比我懂，陈云同志，特别是他，懂得较多……对于农业，我懂得一点。但是也只是比较地懂得，还是懂得不多……我注意得较多的是制度方面的问题、生产关系方面的问题，至于生产力方面，我的知识很少。

召开的一次重要会议，对推动国民经济全面调整起到了积极作用。会议发扬民主精神，开展批评与自我批评，以比较实事求是的态度认真总结了"大跃进"以来党的工作中的经验教训，使广大干部党员去掉了心头上的包袱，这对进一步清理工作中的"左"倾错误，贯彻八字方针，努力克服国民经济的严重困难，均起到了积极作用。但大会仍在原则上肯定"大跃进"是正确的；在成绩与错误的估计问题上，仍有人认为成绩是主要的。这说明，"大跃进"等错误思想的强大惯性仍然存在。

6. 社会主义教育运动

当对国内外阶级斗争形势做出越来越严重的估计后，在 1962 年的中共八届十中全会上，毛泽东主席重提阶级斗争，批判了"黑暗风""单干风""翻案风"，号召全党在实际工作中彻底进行一次社会主义教育。会后，一些地区立即开始进行整风整社和社会主义教育。毛泽东肯定了这些地区的做法。

1963 年 2 月，中共中央在北京召开工作会议，决定以抓阶级斗争为中心，在农村开展以清理账目、清理仓库、清理财物、清理工分为主要内容的"四清"运动，在城市开展反对贪污盗窃、反对投机倒把、反对铺张浪费、反对分散主义、反对官僚主义的"五反"运动。此后，以城市"五反"、农村"四清"为主要内容的社会主义教育运动，在全国范围内开展起来。

一开始，社会主义教育运动主要依靠基层组织和基层干部，斗争对象是城市和农村的腐败分子。后来，随着刘少奇向农村派出工作队，工作队干部代替基层组织，开始了由工作队干部领导"大兵团运动"，"集中力量打阶级斗争的歼灭战"，斗争对象遂转向"地富反右坏"，斗争中逐渐出现打人、乱搜查、重点集训、乱扣帽子等现象。社会主义教育运动逐渐从教育性质转向阶级斗争。

1964年12月，围绕社会主义教育运动的方针和性质，毛泽东与刘少奇发生分歧。刘少奇认为，主要矛盾是"四清"与"四不清"的矛盾，性质是人民内部矛盾与敌我矛盾相互交织。毛泽东则强调，运动重点是整顿"党内走资本主义道路的当权派"。后来，刘少奇主动向毛泽东做了自我批评。

在毛泽东的主持下，中央工作会议将城市和乡村的社会主义教育运动统一规定为"四清"：清政治、清经济、清组织、清思想，强调这次运动的性质是解决社会主义和资本主义的矛盾，运动的重点是整顿党内那些走资本主义道路的当权派。因此，社会主义教育运动又被称为"四清"运动。

到1966年春，全国1/3左右的县市进行了"四清"

"四清"运动中，工作队找社队干部谈话

运动。"文化大革命"开始后，"四清"运动实际终止。

自 1963 年到 1966 年上半年，在全国部分城乡开展的社会主义教育运动，对纠正某些干部公私不分、多吃多占、强迫命令、欺压群众等作风和经营管理方面的问题，具有一定的积极作用。

但是，在"以阶级斗争为纲"方针指导下进行的反修防修的错误实践，犯了阶级斗争扩大化的错误，使不少干部和群众受到了不应有的打击和错误处理，使"左"的错误得到了进一步发展。

Ⅱ 奋力建设

1. 汽车下线，飞机上天

从 1956 年到 1966 年，中国的经济建设之路固然坎坷不断，但整体来说是在不断前进，某些领域的成就用"飞跃"来形容亦不为过。最重要的是，在这 10 年间，我国建立起了独立的比较完整的工业体系和国民经济体系，其中汽车、飞机等机械制造业取得重大突破，第一批国产汽车、飞机相继出厂、下线。

首先是"解放"牌汽车的诞生。

中华人民共和国成立时，中国内地仅有 10 万辆汽车，且没有一辆中国人自己生产的汽车。1949 年开国大典上毛泽东等国家领导人检阅部队时，乘坐的还是从国民党军队手中缴获的美式军用吉普车。从那时起，创立自己的、强大的汽车工业，就成了中国人的梦想。

1949 年 12 月，中华人民共和国成立后不久，毛泽东主席出访苏联。12 月 21 日，刚刚到达莫斯科的毛泽东参观了斯大林汽车厂，当看到一辆接一辆的汽车驶下装配线时，他对随行的人员说："我们也要有这样的大工厂。"访苏期间，中苏两国签订了《中苏友好同盟互助条约》，确定了苏联援建中国的首批重点项目，其中就包括援建第一个汽车厂。

随后，在大量调查研究和反复比较的基础上，新中国第一汽车制造厂决定设立于吉林省长春市。自 1953 年 7 月始，一场规模空前宏大的建设工程迅速展开。建厂期间，苏联为中国提供了全套的产品设计和工厂设计图纸资料、80% 以上的生产设备和整套的工艺装备，并派遣了一批专家指导工厂建设、生产准备和培训实习生。全国各地也为第一汽车制造厂输送了大批优秀干部、技术工人以及源源不断的物资。

1956年7月，第一批国产"解放"牌汽车出厂

1956年7月13日，在欢声笑语和雷鸣般的掌声中，由党和国家最高领导人毛泽东亲自定名的首批12辆"解放"牌汽车，缓缓驶下装配线。在喧天的锣鼓声中，车

辆绕厂一周后浩浩荡荡驶向市区。

新中国第一批国产汽车下线，结束了中国不能生产汽车的历史，标志着中国汽车工业进入了历史新时期，也为中国生产自主品牌轿车拉开了帷幕。首批"解放"牌汽车参加了1956年的国庆阅兵式，无数群众争相目睹国产汽车的风采。到1986年9月29日，当第1 281 502辆"解放"牌汽车开下总装配线后，生产了整整30年的"解放"牌汽车最终停产。

其次是国产喷气式战斗机制造成功。

中华人民共和国成立后，航空工业几乎没有任何基础。1950年朝鲜战争爆发，面对帝国主义的狂轰滥炸及嚣张气焰，党中央毅然决定：建立自己的航空工业，制造自己的飞机！

1951年4月，新中国在南昌建立飞机制造厂，秘密开启了新中国的飞机制造事业。新中国的飞机制造，是从修理航空装备开始的。在修理抗美援朝战场上被志愿军打下的美机的过程中，相关人员就开始有计划地组织飞机零部件的生产。后来，在党和政府的指示下，开始

1956年7月，第一批国产喷气式战斗机在沈阳飞机制造厂试制成功

仿造苏联航空装备。1954年7月，苏联雅克-18型活塞式教练机在南昌飞机厂仿制成功。此后，中国开始试制苏联米格-17型战斗机的中国型喷气式战斗机，迈出了自行制造空军作战装备的第一步。

1954年10月，沈阳飞机公司接受了试制国产喷气式战斗机的任务。1955年4月，苏联提供的图纸资料到齐，工厂立即组织人员翻译和绘图；8月，完成了工艺规模和模线样板等准备工作；9月，开始制造飞机。1956年2月，整架飞机的20多万个零件全部制造完毕。接着，飞机顺利完成了静力试验，129种受力情况试验全部符合技术要求。

1956 年 7 月 19 日，在这个已被载入中国航空工业史册的日子，中国生产的第一架喷气式战斗机进行了首飞。试飞结果表明，该机技术性能和产品质量全部合格。同年 9 月 10 日，喷气式战斗机投入批量生产。9 月 19 日，首批 4 架国产喷气式战斗机交付部队使用。

1956 年 10 月 1 日，在中华人民共和国成立 7 周年的盛大节日那天，新中国首

历史掌故

"东方红"拖拉机

1955 年 10 月 1 日，作为苏联援建的 156 个重点项目之一，新中国第一家拖拉机制造厂主厂房在河南洛阳动工。随后，上万名满怀热情的建设者响应号召，从全国各地汇聚洛阳，拉开了国产拖拉机的制造序幕。1958 年 6 月 30 日，第一拖拉机制造厂生产出第一炉铁水；7 月 5 日，生产出第一批锻件；7 月 8 日，生产出第一台燃油泵；7 月 13 日，生产出第一台柴油发动机；7 月 20 日，第一台整装的"东方红"拖拉机下线。1959 年 11 月，第一拖拉机制造厂正式投产。这标志着中国农民所期盼的耕田不用牛的时代已经开始，正式吹响了农业机械化的号角。

批国产喷气式战斗机以雄壮的阵容，在北京接受了党和国家领导人的检阅。国产喷气式战斗机的制造成功，是我国航空工业发展史上的一个重要里程碑，它标志着我国走上了独立制造空军武器装备的新时代。

2. 摘掉"贫油国"帽子

中华人民共和国成立前，中国被认为是一个贫油国家，所用石油基本依赖进口"洋油"。中华人民共和国成

立后，国家开始发展石油工业，先后建成了新疆克拉玛依、甘肃玉门和青海冷湖3个石油工业基地。但是，这些石油资源远远不能满足国民经济建设快速发展的需要。当时，国内外都散布着诸如"中国贫油论""东北贫油论"等悲观论调。

在毛主席和党中央的高度重视下，从1955年起，国家开始对东北松辽盆地进行地质勘查。1959年9月25日，勘探人员在东北松辽盆地找到了工业性油流，进而在黑龙江肇州县境内打出第一口探井，提前喷出工业油流。

这是中国石油地质勘探工作取得的重大成果。当时正值建国10周年大庆之际，油田遂被命名为"大庆"。

1960年2月20日，为用最快速度探明更大的面积，并在已探明的储

1960年，全国抽调几千名科技人员和几万名职工汇集大庆，参加石油大会战。图为会战队伍向大庆地区挺进

量内迅速打出一批生产试验井，中共中央决定在大庆地区进行石油勘探开发大会战。会战以石油部、地质部为主，农垦、机械、冶金、电力、建工、铁道、林业、商业等部门大力支援，中央军委抽调了3万多名复转官兵参加会战，全国5 000多家工厂、企业为大庆生产机电产品和设备，200多个科研设计单位在技术上进行支援。

从1960年5月开始，石油系统从玉门、新疆、青海、四川等石油管理局和30多个石油厂矿、院校抽调出几十个优秀钻井队、2 000多名科技人员和4万多名职工参加到会战中。时任石油部部长的余秋里及副部长们也亲临现场指挥会战。

这场会战是在极其困难的时期和条件下展开的，以

经过3年多艰苦努力，至1963年，大庆油田建成。
图为大庆工人欢呼第一口油井试喷成功

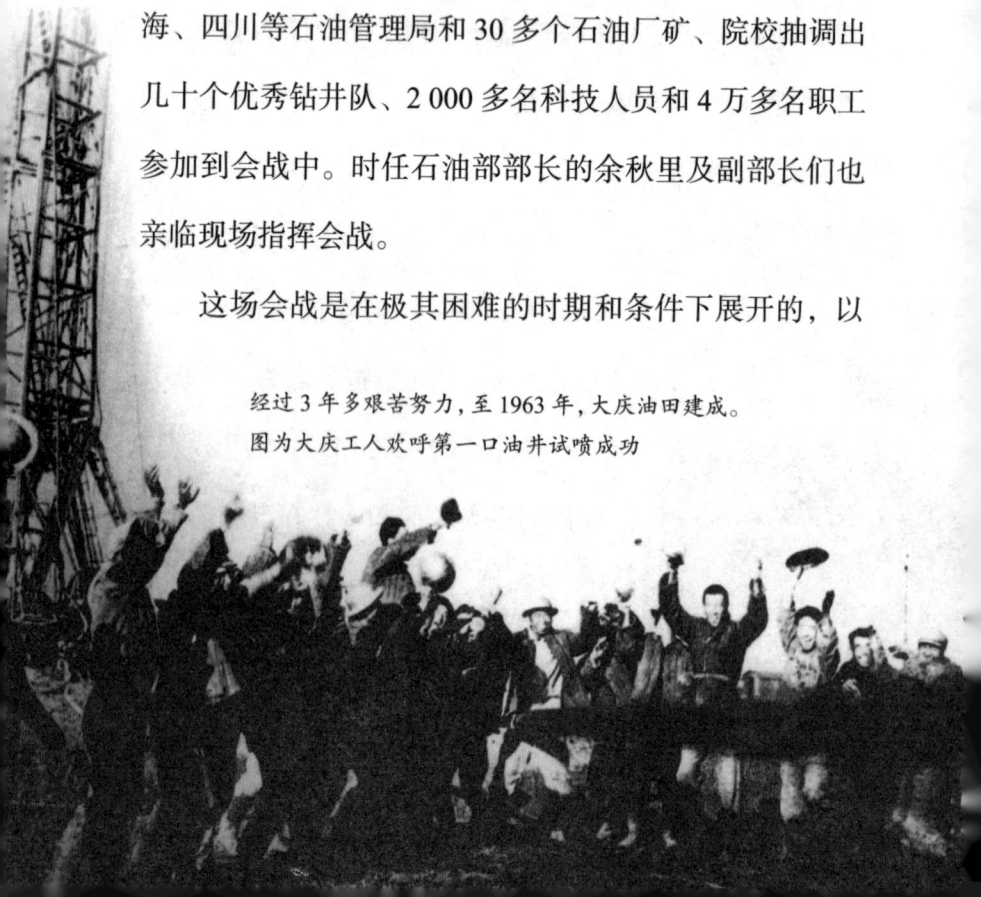

"铁人"王进喜为代表的大庆石油工人们发扬艰苦创业精神，为赢得会战胜利做出了巨大贡献。

经过 3 年多的奋战，到 1963 年年底，国家终于快速度、高水平地探明和建设了大庆油田，形成了年产 600 万吨原油的生产能力。当年大庆油田就生产原油 439.3 万吨，占全国原油产量的 67.3%。1963 年，全国原油、汽油、柴油、煤油和润滑油等主要产品产量全面超额完成计划；中国自行设计和新建成的大型炼油厂，建设时间比计划缩短了 1 年。

1963 年 12 月 2 日，周恩来总理在二届全国人大四次会议上庄严宣布："我国需要的石油，现在可以基本自给了。"12 月 25 日，新华社宣告，中国石油产品基本自给，中国人民使用"洋油"的时代将一去不复返。至 1965 年年底，中国原油产量达到 1 131.5 万吨，实现了国内消费原油和石油产品的全部自给。至此，我国彻底摘掉了"贫油国"帽子。

大庆油田的勘探开发，打破了"中国贫油"的悲观论调，独创了中国的石油地质理论，为发展中国石油工

人物故事

李四光

李四光是中国地质学的先驱之一，曾为新中国的石油地质工业做出了重大贡献。1922年，美国斯坦福大学教授布莱克威尔德来中国进行地质调查后，做出了"中国贫油"的断语。从此，"中国贫油论"在全世界流传开来。李四光早年留学日本和英国，中华人民共和国成立后积极响应祖国号召回国，并担任中国科学院副院长、地质部部长等职务。"一五"计划开始后，李四光运用地质力学对地壳运动与矿产分布的规律进行研究，准确预测出中国大陆东北、华北等地区蕴藏有丰富的石油。1955年，石油勘探队伍开往第一线，随后陆续发现并开发了大庆油田、胜利油田和大港油田。

业展现了光明前景。中国原油产量大幅度增长，从1973年起，中国开始向国外出口原油和成品油，改变了石油输入国的地位。

1978年以后，中国保持原油产量年均1亿吨以上，进入世界主要产油国行列。

3. "十大建筑"竣工

为迎接中华人民共和国建国 10 周年，1958 年 8 月，中共中央决定在首都北京建设一系列国庆工程。由于这项计划大体上包括 10 个大型项目，后来人们称其为"十大建筑"。

1958 年 9 月，相关规划开始启动。为集中全国力量，北京市不仅组织了当地 34 个设计单位，还邀请上海、南京、广州等地 30 多位建筑专家，共同进行方案创作。许多建筑专家、教授、工人、市民都建言献议，对各项工程先后提出了 400 多个方案。至 1959 年 9 月，政府全部完成了人民大会堂、中国革命和中国历史博物馆、中国人民革命军事博物馆、北京火车站、北京工人体育场、全国农业展览馆、钓鱼台国宾馆、民族文化宫、民族饭店、华侨大厦共 10 座建筑，总面积达 67.3 万平方米。

"十大建筑"中最为宏伟的是人民大会堂，它坐落在新扩建的天安门广场西侧，建筑面积达 17.18 万平方米，

"十大建筑"中的中国革命和中国历史博物馆

占地 15 公顷，体积 159.69 万立方米，建筑面积超过故宫全部建筑有效使用面积的总和，是当时世界上最大的会堂式建筑。整座建筑由万人大礼堂、5 000 个座席的宴会厅和全国人民代表大会常务委员会办公楼 3 个主要部分组成，里面还有以全国各省、直辖市、自治区名称命名并富有各地特色的厅室。

建造这座建筑，汇集了来自京、津、沪、宁、汉、穗等各大城市和设计院的著名建筑师，每天参加劳动者达 1.4 万，最高人数曾达到 3.5 万，参加义务劳动的群众不计其数。从各地抽调来的建筑工人组成青年突击队，他们分三班日夜奋战，争分夺秒，仅用了 10 个多月的时间就完成了施工任务。建成后的人民大会堂不仅作为国内高层政治活动的中心，而且成为国家领导人接见、宴请各国贵宾的场所。此外，1959 年 9 月 24 日，天安门广场扩建工程亦竣工，面积由原来的 11 万平方米扩大为 40 万平方米，能同时容纳 40 万人集会。

9 月 25 日，《人民日报》为这十大建筑专门刊发社论，盛赞它们是"我国建筑史上的创举"。作为迎接中华人民共和国建国 10 周年献礼工程，"十大建筑"犹如 10 颗明珠，集现代风格与民族传统于一体，使得古老的北京城增添了绚丽的光彩，在当代中国建筑史上留下了光辉一笔。

4. 南京长江大桥通车

20 世纪五六十年代，中国先后建成了横跨长江的武汉长江大桥、重庆长江大桥和南京长江大桥。其中，南京长江大桥是第一座完全由中国人自己设计建造并基本采用国产材料的特大型桥梁，是继武汉长江大桥和重庆长江大桥之后第三座跨越长江干流的大桥。

南京地处长江下游沿岸，是华东水陆交通要道。南京段的长江形似一个肚兜，江宽、水深、浪急，加上险要的地势，形成了长江天堑。沪宁铁路和津浦铁路先后开通后，由于长江的阻隔，过江客货都要在南京乘船摆渡，严重影响通行效率。历史上，北洋政府和南京国民政府曾多次派人进行实地勘探建桥，终因水文复杂、地质条件差等原因无法实施。中华人民共和国成立后，滔滔江水依然阻隔着南北交通。在长江南京段架桥，成了广大人民的迫切愿望。

1960年1月，经仔细勘测、论证后，南京长江大桥正式动工兴建。项目开始后不久，中苏关系破裂，苏联撤走专家，撕毁合同，中断桥梁材料供应，原由苏联援建的计划被迫停止。在此情况下，新中国桥梁工作者面对江宽水急、工程地质条件复杂以及技术和材料短缺等难题，依靠自己的聪明才智，奋斗8年，耗资1.8亿人民币，耗用50万吨水泥、100万吨钢材，终于建成了这座举世闻名的长江大桥。

　　1967 年 8 月 15 日，大桥合龙。1968 年 9 月 30 日，
铁路桥首先建成通车，桥梁建设者和南京市 5 万多军民
举行了隆重的通车典礼。10 月 1 日凌晨 3 时，南京长江
大桥铁路桥通过了第一列客车——从福州开往北京的第
46 次快车。同年 12 月 29 日，公路桥亦正式建成通车。

　　南京长江大桥是长江上第一座由中国人自行设计和
建造的双层式铁路、公路两用桥梁，在中国桥梁史上具
有重要意义。大桥上层为公路桥，下层为双线铁路桥，

1968 年 12 月，中国自行设计和施工的南京长江大桥建成通车

是连接津浦线与沪宁线两条铁路干线的交通要津和命脉。上层公路桥长4589米，车行道宽15米，可容4辆大型汽车并行，两侧还各有2米多宽的人行道；下层铁路桥长6772米，宽14米，铺有双轨，两列火车可同时对开。

公路正桥两边的栏杆上嵌着200幅铸铁浮雕，人行道旁还有150对白玉兰花形的路灯，南北两端各有2座高70米的桥头堡，堡内有电梯可通铁路桥、公路桥及桥

历史掌故

武汉长江大桥

武汉长江大桥是新中国修建的第一座铁路公路两用桥。它规模宏大、技术复杂。大桥于1955年9月正式开工，1957年10月15日建成通车，比原计划提前近2年时间完成。之所以会如此，是因为在大桥施工过程中，在苏联专家的帮助下，首次以大型管柱钻孔法代替了过去建桥常用的气压沉箱法，克服了基础工程施工因高水位间歇施工的限制，得以一年四季不停工，从而大大缩短了工期。大桥通车后，它将京汉铁路和粤汉铁路衔接了起来，把武汉三镇联成一体，使得我国南北地区的铁路网和公路网联成一个整体，对中国国民经济的发展起到了极为重要的作用。

头堡上的瞭望台，堡前还各有 1 座高 10 余米的工农兵雕塑。大桥共有 9 个桥墩，最高的桥墩从基础到顶部高 85 米，底面积约 400 平方米，比一个篮球场还大。正桥的桥孔跨度达 160 米，桥下可行万吨巨轮。整座大桥如彩虹凌空，是南京的标志性建筑及"金陵四十八景"之一，享有"天堑飞虹"的美誉，非常壮观。

南京长江大桥的建成，沟通了我国的南北交通，从此"天堑变通途"，大江南北更加紧密地联系在一起。同时，它的建成也充分显示出中华民族的尊严和中国人民的聪明智慧。

5. "人工天河"红旗渠

河南林县（今称林州市）位于太行山麓，地处河南、山西、河北三省交界处，属土薄石厚、水源奇缺的贫困山区。"水缺贵如油，十年九不收。豪门逼租债，穷人日夜愁"，这是旧林县的真实写照。千百年来，林县人民迫切希望修建一项水利工程，解决用水难的问题。

穿山而过的红旗渠

　　1959 年夏季，林县县委扩大会议提出了跨越太行山到山西斩断浊漳河（在山西境内称浊漳河，到河北境内称为漳河），然后逼水上山，把水引进林县，彻底改变当地缺水的"引漳入林"工程设想。该计划得到了河南、山西省委的支持。1960 年 2 月 11 日，工程正式开工，3.7万林县民工开始向太行山开战，工程被命名为"红旗渠"。

在当时经济和科技条件有限的情况下，时任县委书记的杨贵带领林县人民，克服资金少、工程难度大等困难，用最简单的工具，斩断山崖，搬掉山垴，填平沟壑，穿凿隧洞，修建渡槽、路桥和防洪桥，进行着改造山河的壮举。其中，青年洞是红旗渠总干渠最长的隧洞，要从地势险恶、石质坚硬的太行山腰穿过。

该工程动工后不久，因自然灾害和国家经济困难，上级决定红旗渠停工，农民进行生产自救。可是为早日引入漳河水，林县干部群众提出了"宁愿苦战，不愿苦熬"的口号，并挑选全县300名青年组成突击队，背着上级部门坚持继续施工。上级来检查时，他们就躲起来；领导走了，继续开工。当时每人每天只有6两粮食，为填饱肚子，他们上山挖野菜，下河捞河草充饥，很多人因此得了浮肿病，但仍坚持战斗在工地。

他们以愚公移山的精神，终日挖山不止，创造了"连环炮""三角炮""瓦缸窑炮"等爆破方法，使挖山

事实真相

红旗渠除险队

红旗渠全部工程都是在太行山的悬崖峭壁上修成的。放炮崩山之后，有些松动的石块跟山体已经分开了，但没有掉下来，为了保证下面施工人员安全，就组成了除险队，其实也就是敢死队。每个队员身上要绑着100多斤重的绳子，将其悬挂在绝壁上。他们手中拿着钩子，瞅准了跟山体分开的石头，用钩子钩住，然后用双脚猛蹬崖壁，荡出去几丈远，用这个拉力把石头钩掉。这个必须配合得天衣无缝，不然随时都有生命危险。

日进由0.3米提高到2米多。经过1年零5个月的奋战，终于完成了这个总长616米、高5米、宽6.2米的关键工程。为表彰青年们艰苦奋斗的业绩，此洞特意被命名为"青年洞"。

至1969年6月，红旗渠全部建成。千百年来，林县人民渴望水的梦想，终于得以实现。整个工程分为总干渠、3条支干渠、59条支渠和416条斗渠。自1960

年至 1969 年，林县人民自带口粮，自备工具，用自己的双手，一锤一钎，在巍巍太行山上逢山凿洞，遇沟架桥，劈山导河，通过 10 年苦干，削平山头 1 250 座，凿通 211 个隧洞，架设了 152 座渡槽，最终建成了盘山长达 1 500 千米的引水灌溉工程。在工程施工过程中，还有 80 人献出了宝贵生命。

红旗渠通水后，被用在灌溉农田、水力发电、改善群众卫生和生活用水等方面，一举解决了几十万群众的生存危机。更重要的是，林县人民由此形成了"自力更生，艰苦创业，团结协作，无私奉献"的红旗渠精神。

红旗渠的建成，也是中国水利建设上的一面旗帜。周恩来总理曾说：红旗渠是人工天河，是英雄的林县人民用两只手修成的。他曾骄傲地告诉国际友人：新中国有两个奇迹，一个是南京长江大桥，一个是红旗渠！

6. "三线建设"

1964 年，美国对越南北方的侵略战争逐步扩大，加之中苏关系恶化，中国周边环境更加紧张。在此形势下，中共中央从战备出发，提出了搞一、二、三线建设的战略布局，以解决全国工业布局不平衡问题，加强大后方经济建设，防备敌人入侵。

三线，简单来说是由中国东北和沿海地区向内地将中国划为三大区域：一线指东北和沿海各省；三线指四川、贵州、云南、陕西、甘肃、宁夏、青海以及山西、湖南、湖北、河南等11个内地省区；二线指介于一、三线之间的中间地区。三线又有大、小之分，西南、西北为大三线，中部及沿海地区省区的腹地为小三线。三线地区大多属中西部不发达地区，也是战争期间的理想战略后方。因此，为加强战备，中共中央确立了加速三线建设、增强国防实力的战略决策。

为使三线建设能尽快形成生产能力，国家决定对一、二线经济建设采取"停"（停建一切新开工项目）、"缩"（压缩在建项目）、"搬"（部分企事业单位全部搬到三线）、"分"（部分企事业单位分出一块或两块迁往三线）、"帮"（从技术力量和设备方面对口帮助三线企业建设）

等措施。迁往三线地区的项目，实行大分散、小集中的原则，少数国防尖端项目要"靠山、分散、隐蔽"。

三线建设的实施长达十几年，1965 年至 1966 年为第一个建设高潮，主战场在西南三线。这时期，在三线部署的新建、扩建和续建大中型项目有 300 多个，其中以四川攀枝花钢铁工业基地、甘肃酒泉钢铁厂、重庆兵

历史掌故

"备战、备荒、为人民"口号

毛泽东提出的"备战、备荒、为人民"的口号，是对中共中央确立的三线建设这一战略方针的精准概括。他说："第一是战备，人民和军队总得先有饭吃有衣穿，才能打仗，否则虽有枪炮，无所用之。第二是备荒，遇了荒年，地方无粮棉油等储备，仰赖外省接济，总不是长久之计。一遇战争，困难更大，而局部地区的荒年，无论哪一个省内常常是不可避免的。几个省合起来看，就更加不可避免。第三是国家积累不可太多，要为一部分人民至今口粮还不够吃、衣被甚少着想；再则要为全体人民分散储备以为备战备荒之用着想；三则更加要为地方积累资金用之于扩大再生产着想。"这个口号后来多与"深挖洞、广积粮、不称霸"联系在一起使用，成为冷战时期我国国际战略防御构想的总概括。

1958 年 7 月，中国西南地区的交通干线成昆铁路投入建设。图为行驶在成昆铁路上的列车

器工业基地、成都航空工业基地、西北航空航天工业基地等为重点。"文化大革命"爆发后，三线建设受到严重冲击，一些项目处于停顿或半停顿状态。

1969 年至 1971 年，因中苏关系骤然紧张，三线建设迅速恢复并形成第二个高潮。这时期投入或建成的项目有：成昆铁路、湘黔铁路、湖北葛洲坝水利枢纽工程、秦岭火力发电厂、湖北十堰第二汽车厂、四川西昌航天发射基地、江西直升机基地等。其中，成昆铁路穿过川西南山地，地形复杂，谷深坡陡，设计和施工非常困难。

铁路全长 1 000 多千米，全线有 427 座隧道、653 座桥梁，平均每 2.5 千米一座隧道，每 1.7 千米一座桥梁。铁路建设高潮时，有 30 多万人一同参与施工。工程建设人员克服难以想象的困难，突破"筑路禁区"，创造了世界交通史上的奇迹。

至 1980 年，随着国家经济战略方针的转变，三线建设基本结束。通过三线建设，中国初步建成了以能源交通为基础、国防科技为重点、原材料工业与加工工业相配套、科研与生产相结合的战略后方基地，初步改变了中国内地基础工业薄弱、交通落后、资源开发水平低下等工业布局不合理状况。

同时也应看到，三线建设在部署上要求过急，铺开的摊子过大，战线拉得过长，且过于注重战备要求，忽视了经济效益，造成了不少浪费和损失。

III 艰苦创业

1. 工业学大庆

大庆油田是中国第一个自行勘探开发出来的特大型石油工业企业，是新中国工业战线的一面旗帜。从1960年5月开始，国家组织全国石油战线的力量，经过3年多的勘探开发大会战，快速度、高水平地探明和建设了大庆油田。大庆油田的开发，不仅为我国摘掉了"贫油国"的帽子，也为中国人民留下了一份艰苦创业、勤俭建国的宝贵精神财富。

大庆石油会战开始之时，由于"大跃进"和人民公社化运动，以及中苏关系开始走向破裂等原因，我国经

济面临严重困难。在此形势下，1960 年 5 月，全国 30
多个石油厂矿、院校的 4 万名职工，调集 7 万多吨器材
设备，来到了茫茫的东北大平原。

油田开发之初，生产面临着设备不齐全、交通不便、
供水供电设备缺乏等重重困难。工人们生活异常艰苦，
没有房屋、床铺，就在帐篷、板房、牛棚马厩甚至野外
办公、住宿；粮食不足，就打草籽、挖野菜充饥。冬天
来临了，男女老少齐上阵，挖土打夯建房，度过严寒冬

"铁人"王进喜带领钻井队员用人拉肩扛的办法，把 60 多吨重的钻井设
备运往工地

天；春天到了，他们发动职工家属，开荒、种地、养猪，自力更生，解决生活困难。以王进喜为代表的大庆石油工人们鼓足干劲、知难而上、苦干硬干，为新中国石油工业的发展和社会主义建设立下了不朽功勋。

王进喜是新中国第一代钻井工人，中共党员。他最初在甘肃玉门油田带领钻井队工作，曾荣获"钢铁钻井队"的称号。得知东北发现了大油田后，他积极要求参加石油大会战。1960年3月，王进喜率1205钻井队从玉门到大庆参加石油大会战。面对极端困难和恶劣环境，王进喜带领全队工人用撬杠撬、滚杠滚、大绳拉的办法，人拉肩扛，硬是把60多吨重的钻机卸下来并运到工地，仅用4天时间就把40米高的井架竖立在茫茫荒原上。井架立起来后，没有打井用的水，王进喜组织职工到附近的水泡子破冰取水，带领大家用脸盆端，水桶挑，硬是靠人力端水50多吨，保证了按时开钻。接着，他又首创了5天零4小时打一口中深井的纪录。

1960年4月29日，1205钻井队准备转战第二口井时，王进喜的右腿被砸伤，但他仍在井场坚持工作。由

王进喜和工人们用身体搅拌水泥，制伏井喷

于地层压力太大，当第二口井打到 700 米时发生了井喷。危急关头，王进喜不顾腿伤，扔掉拐杖，带头跳进泥浆池，用身体搅拌泥浆，最终制伏了井喷。

到 1960 年年底，王进喜带领 1205 钻井队共打井 19 口，完成进尺 21 258 米，接连创造了 6 项高纪录。王进喜因吃苦耐劳、公而忘私、奋勇拼搏而被人们誉为"铁人"，成了大庆石油会战的典型和旗帜。大庆石油会战中石油工人们迅速掀起了"学铁人，做铁人，为会战立功"

的热潮。1970 年 11 月 15 日，王进喜因患胃癌医治无效逝世，年仅 47 岁。

　　大庆人"宁肯少活 20 年，拼命也要拿下大油田"的牺牲精神，"有条件要上，没有条件创造条件也要上"的奋斗决心，"当老实人、说老实话、做老实事"等工作作风，表现了 20 世纪 60 年代中国工人阶级的时代风貌。由于大庆人创造出的辉煌业绩和展现的伟大奉献精神，1964 年，毛主席和党中央提出了"全国工业学大庆"的号召。在党中央的号召下，全国迅速掀起"工业学大庆"运动。工业战线涌现出一大批学习大庆的先进单位和个人，产生了许多大庆式的企业。直到 20 世纪 80 年代初，随着中国经济体制改革的开展，"工业学大庆"运动才最终终止。但是，大庆人创造的"铁人精神"和"大庆精神"已成为中华民族精神的重要组成部分。

2. 农业学大寨

　　大寨是山西省昔阳县的一个山村，位于太行山麓海

山西昔阳大寨大队干部群众面对恶劣的自然条件，开山造田，发展生产

拔 1 000 多米的山区，自然条件恶劣，土地贫瘠，全村耕地被沟壑切割成 4 700 多块，散布在七沟、八梁、一面坡上，农业亩产不到 200 斤。大寨人长期生活在贫困中，甚至时常不能解决温饱问题。

1953 年，大寨开始实行农业集体化，在时任党支部书记的陈永贵带领下，大寨人决心改变落后面貌，自力更生，艰苦奋斗，治山治水，在七沟八梁一面坡上开辟了层层梯田，引水浇地，改变了靠天吃饭的状况。他们用扁担、锄头、铁锤等最基本的劳动工具，治沟平地，

大寨大队的青年女社员们在劈山造梯田

改良土壤，修渠储水。他们用一双双布满老茧的手，把深沟变成了良田。在 5 年时间内，大寨人垒起了长 15 里的 180 多条大坝，将 300 亩坡地垒成了水平梯田，将 4 700 多个分散地块修整成了 2 900 块，还增加了 80 多亩好地，使粮食亩产达 700 多斤。大寨人在改造山河和自然方面创造了奇迹。

在与恶劣的自然条件和物质匮乏进行艰苦斗争的过

程中，大寨人战天斗地，不要国家一点儿帮助。其中，以郭凤莲为代表的大寨青年女子突击队是劳动大军中的一个亮点。

1963 年，只有 16 岁的郭凤莲义无反顾地投身到大寨劳动大军中，和成年男壮劳动力一样起早贪黑地干。在她的带领下，越来越多的女青年投身到劳动大军中，这些姑娘们组成了一支突击队，郭凤莲任队长。她们在劳动前线冲锋陷阵，哪里任务艰巨，哪里就有她们的身影。运石料、挑担子，一般男子难以承受的高强度劳动，这些女子突击队员却咬牙挺了下来。

大寨的社员们

历史掌故

"三不要"和"三不少"

1963 年，大寨遭遇特大洪灾。在此情况下，大寨人提出了"三不要"，即不要国家的救济款、不要救济粮、不要救济物资。一句话，全凭自己的力量战胜灾害。在这个基础上，他们又提出"三不少"的口号，即向国家卖粮不少、社员口粮不少、集体的库存粮不少。当年，正是在"三不要"和"三不少"的激励下，大寨人自力更生，取得了抗灾夺丰收的胜利。

由衷地称赞她们是"铁姑娘",称这个青年女子突击队为"铁姑娘队"。"铁姑娘队"和"铁姑娘"郭凤莲很快成为全国青年人学习的榜样。许多进步的农村女青年纷纷以"铁姑娘"郭凤莲及其率领的"铁姑娘队"为榜样,建立起妇女劳动组织,走上生产第一线。

大寨的事迹传开后,在全国引起了强烈反响。1964年12月,毛泽东主席提出:"农业主要靠大寨精神、工业主要靠大庆精神。"周恩来总理则把"大寨精神"总结为

社员们肩挑丰收的早稻踊跃交售公粮

"自力更生、艰苦奋斗的精神，爱国家、爱集体的共产主义风格"。作为全国农业战线的一面旗帜，轰轰烈烈的"农业学大寨"运动迅速在全国铺开。各地农村迅速掀起了兴修水利、建设稳产高产农田的热潮，并涌现出一大批大寨式的社队和先进农场、先进县。直到改革开放后，全国各地的农业学大寨运动才陆续停止。

大寨是以自力更生、艰苦奋斗精神改变山村面貌的先进典型。"农业学大寨"运动反映了广大农民和农村干部在中国共产党的领导下，要求改变贫穷落后面貌、改造自然、发展生产的强烈愿望，对农业生产的恢复和发展起到了积极作用。

3. 全国人民学解放军

20 世纪 60 年代初，在中央军委的领导下，为加强军队思想政治工作建设，全军先后进行了忆阶级苦、忆民族苦，查立场、查斗志、查工作的"两忆三查"活动，以及"学习毛泽东著作"活动。同时，在基层连队中开

展了争创"政治思想好、三八作风好、军事训练好、生活管理好"的"四好连队"运动，在广大战士中开展了争做"政治思想好、军事技术好、三八作风好、完成任务好、锻炼身体好"的"五好战士"运动等。

这大大加强了军队的政治思想工作，推动了基层连队建设。在此过程中，人民解放军中涌现出"南京路上好八连""硬骨头六连""雷锋班""谢臣班""欧阳海班"等模范人物和先进集体。

"南京路上好八连"是国防部授予人民解放军南京军区上海警备区特务团三营八连的荣誉称号，该连于1947年8月成立于山东莱阳，1949年6月奉命进驻上海南京路执勤。

刚刚解放后的上海，阶级斗争尖锐，社会情况复杂，资产阶级和国民党残余势力妄图用腐朽的思想文化和糜烂的生活方式侵蚀部队。进驻繁华都市后，八连始终保持艰苦奋斗、拒腐蚀、永不沾的优良传统，始终保持全心全意为人民服务的宗旨，始终不丢传家宝"三箱一包"

"好八连"战士走在上海南京路上

（理发箱、补鞋箱、木工箱及针线包），始终坚持闪光的"五个一"（节约一滴水、一分钱、一度电、一粒米、一寸布），自觉抵制资产阶级思想的侵蚀，身居闹市却一尘不染。

1959年7月23日《解放日报》刊登了"南京路上好八连"的事迹后，社会各界陆续展开了向"好八连"学习的活动。后来，以"南京路上好八连"为原型拍摄的电影《霓虹灯下的哨兵》，使八连战士的事迹更加广为传颂。自此"好八连"声名远扬，直至成为全国人民学习的楷模。

1963年8月1日，在建军36周年之际，毛泽东写下了杂言诗《八连颂》，热情歌颂了八连战士进驻上海却不为灯红酒绿所惑，始终保持全心全意为人民服务的宗旨和艰苦朴素的先进事迹。

人民军队的优良传统作风，迅速成为各行业学习的典范。1964年2月1日，《人民日报》发出"全国人民都要学解放军"的口号，一场声势浩大的"全国人民学解放军"运动迅速展开。1964年，周恩来总理在三届全国人大一次会议中向全国人民发出"工业学大庆，农业学大寨，全国人民学解放军"的号召。

在学习解放军运动中，各部门、各组织根据人民解放军政治工作的经验，纷纷建立起政治工作组织，同时将大批军队干部转业到地方，以提高学习成效。学习活动中，各行各业涌现出一批先进集体和个人。

"全国人民学解放军"运动促进了当时良好社会风气的形成，推动了各项工作的进展。通过这场运动，进一步树立了人民解放军在群众中的良好形象，促进了人民解放军自身建设，并对军队建设和军政、军民关系提出了新的要求。

但是，运动中也出现了一些对解放军行为的简单机械模仿现象，以及"突出政治"、形式主义严重等问题。

4. "向雷锋同志学习"

雷锋，1940 年 12 月出生于湖南望城县（现长沙市望城区）安庆乡一个贫农家庭，7 岁成为孤儿。中华人民共和国成立后，政府给予了他亲切的关怀和照顾。他先后当过通信员、拖拉机手，1958 年来到鞍山钢铁公司，成为一名工人，多次获嘉奖。1960 年，他参加中国人民解放军，成为一名汽车兵，不久加入中国共产党并担任班长。参军后，雷锋勤学苦练，克己奉公，助人为乐，为集体、为人民做了大量好事，荣获诸多荣誉。

雷锋经常出差，出差机会多了，为人民服务的机会就多了。当时流传着一句话："雷锋出差一千里，好事做了一火车。"比如有一次，雷锋外出在沈阳站换车时，一出检票口，发现一群人围着一个背着小孩的中年妇女，原来这位妇女从山东去吉林看丈夫，车票和钱丢了。雷锋就用自己的津贴费买了一张去吉林的火车票，并塞到大嫂手里。大嫂含着眼泪说："大兄弟，你叫什么名字，是哪个单位的？"雷锋说："我叫解放军，就住在中国。"

1962 年 8 月 15 日，雷锋在执行运输任务时不幸殉职，年仅 22 岁。雷锋在平凡的岗位上，度过了他不平凡的一生。雷锋具有高尚的精神，他的许多名言广为流传。比如，"人的生命是有限的，可是，为人民服务是无限

雷锋和战友们在一起

的。我要把有限的生命，投入到无限的为人民服务之中去。""对待同志要像春天般的温暖，对待工作要像夏天一样火热，对待个人主义要像秋风扫落叶一样，对待敌人要像严冬一样残酷无情。""把别人的困难当成自己的困难，把同志的愉快看成自己的幸福。"

雷锋是新中国涌现出来的模范人物，体现了新社会的道德情操和精神风貌。他在平凡的工作岗位上，以"甘当螺丝钉"的精神，全心全意为人民服务；他工作

人物故事

欧阳海

欧阳海，湖南桂阳人，1959年加入中国人民解放军，1960年入党，是继雷锋之后在人民解放军队伍中涌现出的又一名共产主义战士。1963年11月18日，欧阳海随部队野营拉练经过衡阳途中，进入一个峡谷后，一辆载着500多名旅客的列车突然迎面急驶而来。列车的鸣笛声，使得驮拉炮架的一匹军马骤然受惊，蹿上了铁道，横卧双轨上，眼看一场车翻人亡的事故就要发生。就在火车与惊马即将相撞的危急时刻，欧阳海毫不犹豫地冲上前，用尽全力把惊马推离了铁轨。列车和旅客转危为安，他却被火车卷倒在铁轨边碎石上，身受重伤，经抢救无效献出了年轻的生命，时年23岁。为表彰他的事迹，1964年，中国共产党广州军区委员会追授欧阳海一等功和"爱民模范"荣誉称号，随后国防部授予欧阳海生前所在的班为"欧阳海班"荣誉称号。

勤勤恳恳，吃苦耐劳，刻苦钻研技术，干一行爱一行专一行；他艰苦朴素，廉洁奉公，处处为人民的利益着想；

他为人民群众做了数不清的好事，真正做到了毫不利己、专门利人。他的精神成为新时代的典范。

1963 年 3 月 5 日，《人民日报》刊登了毛主席的题词——"向雷锋同志学习"。此后，每年的 3 月 5 日被定为全国学雷锋纪念日，激励着一代又一代人学习。

5. 干部的好榜样焦裕禄

焦裕禄是河南省兰考县委书记。兰考县是黄河故道上著名的灾区县，长期遭受风沙、内涝和盐碱"三害"的袭扰，经济发展水平非常低下。受自然灾害的影响，1962 年全县粮食产量下降到历史最低水平。在此情况下，1962 年 12 月，焦裕禄就任兰考县委书记，领导全县人民发展生产，建设家园。

要制服"三害"，必须把兰考县的自然情况摸透。为此，焦裕禄带领县委先后抽调了 120 名干部、老农和技术员，组成一支三结合的"三害"调查队，在全县展开了大规模的追洪水、查风口、探流沙的调查研究工作。

当时，焦裕禄同志的肝病已相当严重，许多同志劝他不要下去，劝他在家里听汇报。他说："吃别人嚼过的馍没味道。"他背着干粮，拿着雨伞，和大家一起在兰考的原野上日夜奔波。追沙，他一直追到沙落地；查水，他查到水归槽。干旱季节，他亲自用舌头辨别盐碱的种类和土的含碱量。

在同自然灾害斗争的过程中，焦裕禄不顾重病缠身，忍受着严重疾病的折磨，在风里、雨里、沙窝里、激流里，坚持度过了120多个白天和黑夜，跑了120多个大队，跋涉5 000余里，终于摸清了兰考"三害"的底细。

调查队探查了兰考全县大小风口84个，丈量了全县大小沙丘1 600个，查清了全县千河万流、淤塞的河渠、阻水的路基，并绘成了详细的排涝泄洪图。在大规模调查研究的基础上，焦裕禄带领调查队基本掌握了水、沙、碱发生发展的规律和资料，并制订出切实可行的改造兰考自然环境的规划。一场群众性的除"三害"斗争轰轰烈烈地开展起来了。

身为县委书记，焦裕禄非常珍视党和人民赋予的权

焦裕禄不顾重病缠身，带领全县人民艰苦奋斗

力，始终把党和人民的利益看得高于一切。他在县委率先建议制定《公仆条例》：不准请客送礼；不准特殊救济；不准乱要东西；不准行贿受贿；不准看戏不拿钱；

20世纪60年代，焦裕禄在河南兰考沙区现场组织抗灾

不准大吃大喝，铺张浪费；不准利用职权为子女亲属安排工作；不准任人唯亲搞小圈子；不准套购国家统购物资；不准婚丧嫁娶大操大办。他以身作则，亲身实践，被誉为"县委书记的榜样"。

　　焦裕禄心中装着兰考的老百姓，装着兰考的天地风沙水，唯独没有他自己。他积劳成疾，在肝癌的病痛折磨下，仍带领群众坚持在治沙第一线。1964年春，正当兰考人民的除"三害"斗争取得胜利之际，焦裕禄的肝病愈发严重，并被确诊为肝癌晚期。在生命的最后一刻，他恳求："我死后只有一个要求，要求组织上把我运回兰考，埋在沙堆上。活着我没有治好沙丘，死了也要看着你们把沙丘治好！"1964年5月14日，焦裕禄病逝，终年42岁。

　　焦裕禄的事迹，引起了全国范围内的强烈反响，1966年，全国掀起学习焦裕禄的热潮。焦裕禄用自己的实际行动，铸就了亲民爱民、艰苦奋斗、迎难而上、无私奉献的精神，是当之无愧的"党的好干部""人民的好公仆"。

IV 百花齐放

VR融媒"四史"云课堂
"四史"学习就在我身边

1. "双百"方针

"百花齐放，百家争鸣"是中国共产党领导文学艺术、科学研究工作的基本方针，简称"双百"方针。

进入1956年，随着社会主义改造基本完成，党和国家面临的迫切任务，是要调动一切积极因素建设社会主义，迅速发展中国的经济、科学和文化。但是，当时的科学文化领域内还存在着教条主义、宗派主义和形式主义等障碍。其突出表现，就是只许发展一种学派，不许发展另一种学派。在学术、文艺问题上动不动就打棍子、扣帽子。

周恩来总理给著名京剧表演艺术家程砚秋的"提高自己的阶级觉悟，发扬为劳动人民服务的精神"题词

为改变这种状况，调动和发挥知识分子的积极性，促进中国科学文化事业的繁荣和发展，1956 年 5 月，在中共中央政治局扩大会议上，毛泽东主席提出，艺术要"百花齐放"，学术要"百家争鸣"，并做了相应解释。他说："现在春天来了嘛，一百种花都让它开放，这就叫百花齐放。春秋战国时代，有许多学派，百家争鸣。现在我们也需要这个。在《中华人民共和国宪法》范围内，各种学术思想，正确的、错误的，让他们去说，不去干涉他们。"

同年 5 月 26 日，中共中央宣传部举行报告会，时任中宣部部长的陆定一对"百花齐放，百家争鸣"的方针做了全面阐述。他说，"百花齐放，百家争鸣"是提倡在文学艺术工作和科学研究工作中有独立思考的自由，有辩论的自由，有创作和批评的自由，有发表自己的意见、

"双百"方针很好地促进了戏曲的发展。经过整理挖掘，许多传统剧目被搬上舞台。图为昆曲传统剧目《十五贯》"访鼠"一场剧照

坚持自己的意见和保留自己的意见的自由。我们主张政治上必须分清敌我，又主张人民内部一定要有自由。"百花齐放，百家争鸣"，是人民内部的自由在文艺工作和科学工作领域中的表现。贯彻"百花齐放，百家争鸣"的方针，全党必须去掉宗派主义，去掉过多的清规戒律，去掉骄傲自大，坚持谦虚谨慎，尊重别人，团结一切愿意合作或可能合作的人。

1956年10月20日，中共八大郑重宣布：为保证科学和艺术的繁荣，必须坚持"百花齐放，百家争鸣"的方针。在毛泽东等党和国家领导人的推动下，在"双百"方针的指导下，文艺界出现了"百花时代"，学术上争鸣气氛也比较浓厚，科学、文化、艺术界的各部门出现了生机勃勃的景象。但是，由于"左"倾思想影响，从 1957 年反"右"斗争开始，"双百"方针的贯彻受到了干扰和损害，尤其是在"文化大革命"中，这一方针受到极为严重的破坏。粉碎"四人帮"之后，特别是党的十一届三中全会以来，中国共产党认真总结贯彻执行"双百"方针的经验教训，自觉地、坚定不移地贯彻"双百"方针。"双百"方针现在已成为中国共产党领导社会主义科学文化工作的长期性基本方针。

2. 人工合成牛胰岛素

蛋白质是生命的物质基础，没有蛋白质就没有生命。胰岛素是胰脏分泌的一种蛋白质激素，参与调节身体内的糖代谢，控制血糖平衡。牛胰岛素的分子结构与人体

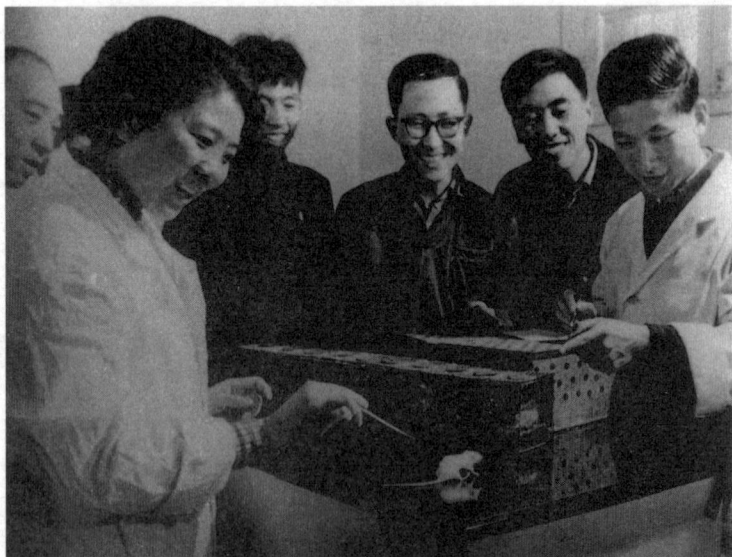

1965 年 9 月，中国科学工作者首次人工合成牛胰岛素结晶。图为科研人员将合成的牛胰岛素注入小白鼠体内进行测验

胰岛素的分子结构极为相似，是具有蛋白质全部结构特征的典型实验材料。

1955 年，英国化学家第一次弄清了这种蛋白质分子的全部结构：胰岛素分子由 A、B 两条链组成；A 链有 21 个氨基酸、B 链有 30 个氨基酸，两条链通过 2 个二硫链连在一起；胰岛素分子的肽链能有规律地在空间折叠起来，具有空间结构的胰岛素分子还可以整齐地排列起来，形成肉眼可见的结晶体。

历史掌故

"向现代科学进军"

1956 年 1 月，中共中央在北京召开知识分子问题会议，周恩来总理在会上指出，现代科学技术正在一日千里地突飞猛

进，我们必须奋起直追，向现代科学进军。他提议，组织力量，制订 1956—1967 年度科学技术发展的远景规划。1956 年 6 月 14 日，毛泽东等党和国家领导人在中南海接见参加编制我国科技发展远景规划纲要的科学家。1956 年 12 月，经 700 多位科学家历时半年多的努力，《中华人民共和国 1956—1967 年科学技术发展远景规划纲要（修正草案）》诞生。纲要提出了 13 个方面、57 项国家级重要科学技术任务，确定了 12 个带有关键意义的重点项目或课题，并对某些重要而紧迫的任务采取特殊措施。《纲要》的编制，在全国引起强烈反响，知识分子投身社会主义建设的积极性被调动起来，兴起了"向现代科学进军"的热潮。

1958 年，以钮经义为首，中国科学院上海生物化学

研究所、中国科学院上海有机化学研究所、北京大学联合组成科学攻关小组，在前人研究的基础上，开始探索用化学方法合成胰岛素。

他们按以下程序合成牛胰岛素。第一步，1958 年，他们首先成功地将天然胰岛素 A、B 两条链拆开，再重新连接而得到重新合成的天然胰岛素结晶。重新合成的胰岛素是同原来活力相同、形状一样的结晶。第二步，1964 年，他们成功地用人工合成的 B 链同天然的 A 链相连接，从而得到半合成的胰岛素。第三步，将人工半合成状态的 A 链与 B 链相连接，得到全合成的结晶胰岛素。

整个研制要经过 200 多个步骤的化学合成，稍有闪失则前功尽弃。经过 6 年多的联合攻关，1965 年 9 月 17 日，他们终于取得了人工合成牛胰岛素的成功。国家科委先后两次组织知名科学家进行科学鉴定。1966 年 12 月 27 日，《人民日报》发表社论，宣布："我国在世界上第一次人工合成结晶胰岛素。"

人工合成牛胰岛素的结构、生物活性、物理化学性质、结晶形状，都和天然的牛胰岛素完全一样。这是世界上第一种人工合成的蛋白质，是当时世界第一流的科技成果。人工牛胰岛素的合成，宣布人工合成蛋白质的时代开始了，标志着人类在认识生命、探索生命奥秘的征途上迈出了重要的一步。

由于多方面原因，这项重大发明成果与诺贝尔奖擦肩而过。"文化大革命"结束后，科学的春风吹拂神州大地。1978年年底，钮经义代表人工合成胰岛素研究集体，被推荐为诺贝尔化学奖1979年度候选人。但事过境

1979年胰岛素组在北京大学十斋实验室做实验的场景

迁，因国外在胰岛素人工合成领域已取得显著成就，这项成果遗憾未能获奖。

3. "杂交水稻之父"袁隆平

20世纪70年代，中国成为世界上第一个成功育成杂交水稻并大面积应用于生产的国家，杂交水稻比常规水稻平均亩产增产一二百斤，由此掀开了水稻生产史上崭新的一页。

杂交水稻的育种，必须同时具备雄性不育系、雄性不育保持系和雄性不育恢复系，三系配套，缺一不可，且难度很大。中国杂交水稻的成功培育，始自袁隆平20世纪60年代的研究。

袁隆平，1953年毕业于西南农学院（现西南大学），后来到湖南省安江农校做教师。20世纪60年代初，国家的贫困和人民遭受的饥荒深深地刺激了袁隆平，他决意在农业科研上搞出点名堂来。1960年7月，他在试验田里发现了一株与众不同、株型优异、穗大粒多的水稻

袁隆平从事水稻研究时使用的国产
15倍简易显微镜

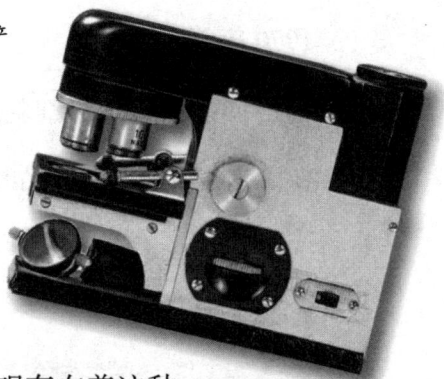

植株。后来的研究证明，

这个"鹤立鸡群"的稻

株，是地地道道的"天

然杂交稻"。既然自然界客观存在着这种

优良的"天然杂交稻"，只要能探索其中的规律与奥秘，

就一定可以培育出人工杂交稻，从而利用其杂交优势提

高水稻的产量。

　　袁隆平从实践及推理中，突破了水稻为自花传粉植

物而无杂种优势的传统观念的束缚。经过长年在水稻田

中的观察和寻找，1964年7月，他在试验稻田中找到一

株"天然雄性不育稻"。这开创了杂交水稻研究的第一

步。1965年7月，他又在14 000多株稻穗中检测到6株

不育稻，并在此后两年成功繁殖了1～2代。他利用这

些不育稻作原始材料，但经过几年的大量测交和选育，

都未能找到雄性不育保持系。

1970 年，袁隆平改变选育方法，试图利用远缘杂交的方法，创造细胞核与细胞质互作遗传的雄性不育系。这年秋天，袁隆平的助手在海南的试验田里发现了一株难得的野生雄性不育稻。这一发现为杂交水稻三系法研究打开了突破口。

事实真相

三系杂交水稻

三系杂交水稻是水稻育种和推广的一个巨大成就。所谓三系配套是指雄性不育系（雌蕊发育正常，而雄蕊的发育退化或败育，不能自花授粉结实）、雄性不育保持系（雌雄蕊发育正常，将其花粉授予雄性不育系的雌蕊，不仅可结成对种子，而且播种后仍可获得雄性不育植株）及雄性不育恢复系（将其花粉授予雄性不育系的雌蕊，所产生的种子播种后，长成的植株又恢复了可育性）之间的配套应用，而杂交水稻就是水稻杂种优势的利用。通过我国以袁隆平为代表的一大批科技工作者的团结拼搏、刻苦攻关和长年累月的"南繁北育"，他们终于在 1973 年实现了三系配套，培育出具有旺盛的生长优势和产量优势的优良杂交水稻组合，由此宣告了我国籼型杂交水稻培育的成功。从此，我国的杂交水稻以其强大的生命力为社会创造了惊人的经济效益，普及全国，走向世界。

袁隆平（左）与湖南省农科院水稻所的科技人员在田间研究杂交水稻

随后，由中国农业科学院和湖南省农业科学院组织全国协作攻关，30 余家科研单位参与，对上千个水稻品种与该株野生水稻进行了上万次试验，终于在 1973 年相继育成了雄性不育系、雄性不育保持系和雄性不育恢复系，由此实现了水稻三系配套的成功。

三系配套后，他们又研究提供了一整套栽培技术和防杂保纯技术，保证了多点试验和大面积推广。经扩大试种和培育推广，结果表明杂交水稻穗大粒多，适应性广，抗逆性强，米质优良，产量高，亩产可达 400 ~ 850 千克，比相同条件下的常规良种增产一二百斤。

杂交水稻的成功培育，使袁隆平在国际上赢得了"杂交水稻之父"的美誉。他培育的杂交水稻品种，由原先常规稻的亩产 300 千克左右上升到了今天的杂交稻亩产 900 千克以上，解决了中国十几亿人的吃饭问题。目前，杂交水稻已在全球多个国家和地区进行研究和推广，为解决世界粮食安全及短缺问题做出了卓绝贡献。

4. 陈镜开五破世界纪录

体育是一个国家综合国力的重要体现。近代以来，中国曾被西方讽为"东亚病夫"。中华人民共和国成立后，中国体育健儿开始走向世界，陈镜开则是第一个打破世界纪录的中国运动员。

陈镜开是广东东莞石龙人，自幼练出了一副好身体。1956 年 6 月 7 日，在上海举行的中苏举重友谊赛上，陈

陈镜开一举成功

镜开挺举起 133 千克，打破了美国运动员温奇保持的
132.5 千克的最轻量级挺举世界纪录。全场观众无不欢欣
鼓舞，"中国第一个世界纪录诞生了"的欢呼声，冲破夜
空，传向全国各地，震惊了世界体坛，也开创了我国体
育史上的新篇章。

　　但是，西方国家诬蔑中国的纪录是假的，是用笔写
出来的，而不是用手举起来的。他们认为陈镜开是中国

人，是黄种人，不可能打破世界纪录，不予承认。这让陈镜开非常恼火，他憋着一股劲：必须在国际体育赛事上证明自己。他暗下决心，准备到第16届奥运会上再展神威，再破纪录，为国争光。

1956年，中国政府原本决定正式组团参加在墨尔本举行的第16届奥运会，但由于国际奥委会部分人士在奥运会上搞"两个中国"的阴谋，中国代表团不得不退出奥运会。陈镜开的奥运金牌梦破灭了。之后，他虽然多次打破世界纪录，但始终没能踏进奥运会赛场。

1956年11月11日，在广州参加中国奥运会代表团访穗比赛时，陈镜开以最轻级挺举133.5千克和135千克的骄人成绩连续两次打破举重世界纪录。同年11月29日，他在上海参加中国奥运会代表团访沪比赛时，又以最轻级挺举135.5千克第四次打破举重世界纪录。当然，由于这些成绩都是在国内赛场上取得的，国际上仍不予承认。陈镜开盼望着在国际赛场上同世界名手一决高下。

1957年8月，在莫斯科举行的第三届世界青年友谊运动会为他提供了机会。比赛中，陈镜开曾两腿抽筋，抓举时肩部又受了伤，在挺举最后一举之前已被苏联对手落下了 15 千克。

而当时的挺举世界纪录是 137 千克，如要夺冠，只能举起 139.5 千克。这是陈镜开在训练时都没有举过的重量。当时大会组织者认为他不可能拿冠军，于是就提前把苏联国旗挂在了第一名的旗杆上，中国国旗位居其次。

人物故事

郑凤荣

在 1957 年 11 月 17 日的北京田径比赛中，中国跳高运动员郑凤荣成功地跳过了 1.77 米，打破了由美国运动员保持的 1.76 米的世界纪录。郑凤荣由此成为中国第一位打破世界纪录的女运动员，同时她也是中国第一位打破田径世界纪录的运动员，也是 1936 年以来亚洲第一位打破田径世界纪录的运动员。当时，国内评论称郑凤荣是"宣布中国体育运动春天降临的一只燕子"。

比赛还没结束，名次怎么就出来了呢？！陈镜开很受刺激。上场之前，他对队友说："反正是杠铃底下找人！"——要么就举起来，要么就给砸趴下。

最终，凭借着一股豪情，他成功挺举起了139.5千克的杠铃，第五次打破举重世界纪录。五星红旗在第一名的旗杆上冉冉升起。

5. 乒坛传奇容国团

新中国第一个体育领域的世界冠军，是1959年由容国团获得的第25届世界乒乓球锦标赛男子单打冠军。

容国团是广东中山人，生于香港，从小酷爱乒乓球运动，15岁代表香港工联乒乓球队参加比赛，1957年从香港回到内地，次年被选入广东省乒乓球队并参加全国乒乓球锦标赛，获全国男子单打冠军。随后，他被选为国家集训队队员。

1959年4月，第25届世界乒乓球锦标赛在当时的联邦德国多特蒙德举行，参加比赛的有38个国家和地

1959 年，容国团获第 25 届世界乒乓球锦标赛男子单打冠军。图为容国团（右）和获亚军的匈牙利选手西多在一起

区的 240 多名优秀选手。21 岁的中国选手容国团在取得决赛权前，直闯 7 关，连胜 6 将，其中包括 1 个欧洲冠军、2 个国家冠军，共厮杀了 22 个回合。在决赛中，他

遇到曾 9 次获得世界冠军的匈牙利选手西多。此人身经百战，拥有 20 年比赛经验，善于近台逼角反攻，曾先后 9 次荣获团体、单打、双打冠军。决战在即，中国代表团教练组发扬集体主义精神，为容国团制定了周密战术。

4 月 5 日，在多特蒙德的威斯特伐利亚体育馆，容国团和西多开始了世界冠军之争。比赛开始后，容国团马上展开猛烈的进攻。他运用拉左杀右和发球抢攻的战术，以 7∶3 遥遥领先。西多加强反攻后，追成 8 平。此后，两人展开紧张、激烈的拉锯战。可惜的是，容国团因打法保守，接球和攻球失误，憾失第一局。在形势不利的情况下，容国团果断改变战术，并连赢 3 局。最终，他以 3∶1 击败西多，获得了世界乒乓球男子单打的冠军。这是 1927 年世界乒乓球锦标赛举办以来中国人首次获得世界冠军，也是新中国运动员获得的第一个世界体育冠军称号。

容国团获得世界冠军这天，国际乒乓球联合会第 25 届代表大会通过了一项决议，宣布下届世界乒乓球锦标赛将在中国北京举行。这是中国有史以来首次争取到在

国内举办世界级比赛的殊荣。1961 年，在北京举行的第
26 届世界乒乓球锦标赛上，容国团又为中国队第一次夺
得男子团体冠军做出了重要贡献。1964 年后，他担任中
国乒乓球女队教练，并帮助中国女队在第 28 届世界乒乓
球锦标赛上获得了女子团体冠军。

　　容国团获得世界冠军，标志着新中国体育运动开始
走向新纪元。容国团的成功，打破了世界冠军高不可攀
的迷信，鼓舞着更多的中国人解放思想，勇攀世界高峰。
对此，陈毅副总理曾在中央人民广播电台演讲中说："中
国人民从来是勇敢，顽强，不示弱，不落人后。容国团
等体育健儿取得的光荣成绩，将载入世界体育运动史册，
中国体育上的屈辱日子一去不复返了。"此后，举国上下
掀起一股"乒乓热"，中国开始成长为世界乒乓球强国，
乒乓球也被誉为中国的国球。

V

第五章

战争与和平

1. 中苏关系破裂

　　中华人民共和国成立后，中苏两国在政治、经济、军事、外交等方面结成了全面同盟关系。但自20世纪50年代中期开始，中苏两党、两国开始出现分歧。此时，双方均有让步，分歧被控制在一定范围内，且被双方小心翼翼地遮盖着。1958年，苏联为便于指挥在太平洋地区活动的潜艇，提出在中国境内建设一座大功率长波电台。就在双方对电台所有权等问题争执不下时，苏联又向中国提出了建立"联合"潜艇舰队的要求。为维护国家主权，毛泽东主席拒绝与苏联共建长波电台和联合舰队。中苏同盟关系开始出现分裂。1959 年 9 月底，苏联领导人赫鲁晓夫来北京参加中国国庆 10 周年庆典，在同中国领导人会谈时，他要求中国服从苏美合作的战略，改变对台湾问题的方针，并对中印边境冲突中苏联偏袒印度和西藏叛乱问题上的立场进行辩解。这进一步加深了双方矛盾，并使分歧扩大到国际共产主义运动理论和战略策略方面。

1960 年 4 月，在纪念列宁诞辰 90 周年之际，中国共产党在报刊上发文阐明了中共关于时代、战争与和平、无产阶级专政、反对现代修正主义等一系列重大问题的观点。这实际上是对赫鲁晓夫的一系列观点进行不指名的批驳，苏联报刊随即做出激烈反应。中苏双方矛盾更加尖锐。

接着，当年 6 月在罗马尼亚布加勒斯特召开的社会主义国家共产党和工人党代表会谈期间，苏联代表暗中动员其他各国兄弟党批判中国共产党。赫鲁晓夫本人更是在发言中激烈攻击中国共产党，内容涉及内政、外交各个方面。以彭真为首的中国共产党代表团按照中央的

1960 年 7 月，苏联决定撤回在华专家，撕毁合同。图为时任上海市委书记的陈丕显在送别苏联专家的宴会上同苏联专家亲切交谈

指示，同苏联共产党领导人展开了针锋相对的斗争。布加勒斯特会议上中苏领导人的直接冲突，终于导致两党关系公开分裂。会后，为向中国施压，苏联采取了一系列措施，导致两国关系进一步恶化。

在此形势下，1960 年 7 月 16 日，苏联突然照会中国政府，单方面决定全部召回在华工作的苏联专家，撕毁中苏合同。至 9 月 1 日，在华工作的 1 390 名苏联专家全部撤回国，同时带走了所有的图纸、计划和资料。苏联还撕毁了两国政府签订的 12 个协定、343 个专家合同，并废除了257个科学技术合作项目，停止了中国建设急需的重要设备以及设备中关键部件的供应。

当时，苏联在华专家分布在我国经济、国防、文化教育、科学研究等众多部门，在技术设计、工程施工、设备安装、产品试制和科学研究等方面均担负重任，一些双方合作的合同项目正处于实施阶段，苏方的

事实真相

长波电台与联合舰队

20世纪50年代末，在美苏两大阵营对峙的世界格局下，中苏两国加快了军事合作步伐。1958年4月，苏联提出在中国建立长波电台。中国表示，同意在中国建立长波电台，欢迎苏联提供技术帮助，但一切费用由中国承担，建立后由中苏两国共同使用，中方拥有电台的全部使用权。苏方则坚持中苏双方共同建设、管理电台，实质上却是要求中苏共有电台，因此被中方拒绝。苏联又提出，希望同中国建立一支联合潜艇舰队。毛泽东主席认为，建立共同潜艇舰队和建设长波电台一样，也是个涉及主权的政治问题。因此，中方坚持原则立场，同样予以拒绝。由此，中苏同盟关系从鼎盛开始走向破裂。

行为直接导致了这些项目和企事业单位的建设立即处于停顿和半停顿状态，给中国造成了极大损失。苏联进行的一系列蓄意恶化中苏关系的行为，不仅使中国蒙受巨大经济损失，也极大地伤害了中国人民的感情，给中苏关系造成了难以弥合的创伤。苏联单方面撤走苏联专家和撕毁合同，标志着中苏关系的破裂。

此后，在美苏古巴导弹危机和中印边境冲突中，两国采取的立场差异，使中苏矛盾更加尖锐。1962 年年底至 1964 年，中、苏两国展开大论战。此后，中苏关系逐渐由破裂走向对抗。

2. 对印自卫反击战

中印边境问题是近代以来逐渐形成的历史遗留问题。中印边界长约 2 000 千米，两国从未正式划定过边界线，只存在一条传统习惯线，分为西、中、东三段。英国统治印度时期，不断挑起中印边境冲突。特别是在 1914 年，英方代表同西藏地方代表背着中国中央政府在中印边界

中国边防部队在中印边境进行自卫反击

东段划定了"麦克马洪线"。

　　这条线把中印边界东段传统习惯线以北中国一侧的9万平方千米土地划入了印度版图。对此，中国历届中央政府从未承认过，也根本没有任何法律效力。1947年，印度独立后，自以为是地继承了英国殖民者在旧时中国西藏地区享有的某些特权。

　　中华人民共和国成立后，1951年前后，印度军队侵占了中印边境东段"麦克马洪线"以南的大片中国领土，1954年以后又陆续侵占了中印边境中段2 000平方千米的中国领土。针对两国边界问题的争端，中方一直本着友好协商的态度，两国总理也多次会面协调，但因分歧严重而一直不能解决。

1959年3月，印度政府在支持中国西藏地区上层少数人员发动武装叛乱的同时，趁机向中国提出大片领土要求。印度武装人员不断侵入中国领土，并向中国边防部队挑衅，在边界中段、西段地区频频挑起和制造武装冲突。为解决边界冲突，周恩来总理两次写信给印度总理尼赫鲁，并亲赴新德里与尼赫鲁商谈，但未取得任何成果。印度政府把中国的忍让当作软弱可欺，大肆采取所谓"前进政策"，不断以军事行动蚕食中国领土，破坏边界现状。

至1962年年中，在中印边界西段，印军在一直由中国管辖和控制的地区设立了43个据点；在中印边界东段，印军沿"麦克马洪线"建立了24个新哨所，并进一步在该线以北设立新哨所。中印边界地区两军对峙，大规模武装冲突一触即发。

1962 年 9 月 20 日，印军悍然越过"麦克马洪线"，向北推进。10 月 20 日，印军在边界东段、西段向中国边防部队发动大规模的全面进攻。在印度政府一再拒绝中国政府和平谈判要求，中国政府忍无可忍、退无可退的情况下，中共中央果断做出了实施自卫反击的命令。

10 月 20 日，中国边防部队奉命在中印边境东、西两线同时进行自卫反击，在西段一举扫除了印度军队在中国境内建立的全部据点，在东段控制了"麦克马洪线"以南的大片土地。这次战争中，印军共伤亡 1 300 多人，

中国边防部队缴获的成堆成排的印军轻武器

失踪近 1 700 人，被俘 3 600 多人。

为表示和平解决边界问题的诚意，11 月 21 日，中国政府宣布，中国边防部队在中印边界全线停火，并从双方实际控制线单方面后撤 20 千米。接着，中国主动从中印边境全线后撤，遣返全部被俘的印军官兵，归还缴获的武器和军用物资。此后，中印边境实现了事实上的停火，中印边境局势得到缓和。

对印自卫反击战，速战速决，取得胜利后立即后撤，既给入侵者以惩罚，又避免了长期纠缠，为中印边境局势的长期稳定奠定了基础。

3. 抗美援越

越南原是中国清朝的藩国，因晚清政府腐朽无能，而沦为法国的殖民地，成为法属印度支那的一部分。第二次世界大战后，胡志明领导越南人民进行抗法斗争，并成立了越南民主共和国。可是，越南并没有立即实现南北统一。

1964 年 8 月，北京 10 万余人举行群众集会，支持越南人民反对美国的武装斗争

　　1954 年日内瓦会议后，法国撤离越南，美国趁机取代法国逐步渗入越南南方，扶植南方的西贡政权，阻挠南北越统一，企图变越南为美国的殖民地和军事基地。越南南方人民奋起反抗，进行抗美救国斗争。为镇压越南南方的武装斗争，1961 年 5 月，美国派遣所谓"特种作战部队"和军事顾问进入越南南方，发动了所谓的"特种战争"。这是继朝鲜战争后，美国又一次在中国的邻国点燃战火。与抗美援朝一样，中国对近邻的抗美救国斗争给予了坚决支持和大量援助。

　　为扩大侵越战争，1964 年 8 月，美国借口其军舰在北部湾沿海遭到北越海军的攻击，制造了"北部湾事

历史掌故

抗法援越

越南在近代史上沦为了法国的殖民地，与相邻的老挝、柬埔寨被合称为法属印度支那。1940 年，日军侵入越南，法国向日军投降，但法军作为殖民军仍留在越南。1945 年 2 月，以胡志明为首的越南共产党联合其他党派发动起义，建立了越南民主共和国。胡志明同时宣布，废除法国与越南签订的一切条约。二战结束后，法国试图以战胜国的身份，恢复对越南的殖民统治，遭到越南人民的强烈反抗。1946 年 12 月，法国发动了对越南的全面进攻，越南由此开始了长达 9 年的艰苦抗战。中华人民共和国成立后，中越关系进入新的历史阶段。在越南的抗法战争处于困难之际，应越方要求，中国向越南提供了大批军事装备和物资援助，并派遣军事顾问团协助越南人民军抗战。1954 年 7 月，交战双方在停战协定上签字，法国撤出越南，抗法战争胜利结束。

件"，并派出大批飞机轰炸越南北方。1965 年 3 月，美国地面部队进入越南南方作战。侵越战争由"特种战争"升级为以"南打北炸"为特征的局部战争。中国南部边境受到严重威胁。为维护地区和平和中国周边安全，中国接受了越南胡志明政府的请求，开始向越南人民提供一切可能而有效的援助。

1965 年 6 月，第一批中国志愿部队开入越南，中国的援越抗美军事行动由此拉开帷幕。为保障越南抗美斗争的需要，中国先后派出防空、工程、铁道、后勤保障等部队在越南北方修建了大量公路、铁路、飞机场、码头、海底电缆、坑道、工事等国防战备工程。1965 年 8 月，援越高炮部队入越协助防空作战，先后有约 15 万中国官兵部署于越南北方各战略要点。到 1968 年 3 月止，中国入越部队总计 32 万多人次，其中最多的年份为 17 万余人。他们在越南 3 年零 9 个月的时间里，作战 2 153 次，击落美机 1 707 架，击伤 1 608 架，沉重打击了美国侵略者，有力支援了越南人民的抗美救国战争。

1969 年 1 月，美越在巴黎开始谈判，越南战争进入边打边谈阶段。直到 1975 年 4 月 30 日，经过长期浴血抗战，越南人民终于打败了美国，解放了南方，实现了国家统一。随即，应邀入越的数十万中国支援部队全部撤回祖国。

4. 牵手亚非拉

20 世纪 60 年代，亚非拉国家争取民族独立的运动处于高涨之中，中国在与美苏两个超级大国对抗的同时，将增进与亚非拉国家的关系确立为中国对外政策的主要内容之一。

为增进与亚非国家的友好关系，刘少奇、周恩来、陈毅等党和国家领导人多次出访亚非国家，其中以周恩来对亚非欧 14 国的出访影响最大。1963 年年底至 1964 年年初，周恩来总理应邀先后对埃及、阿尔及利亚、摩洛哥、突尼斯、加纳、马里、几内亚、苏丹、埃塞俄比亚、索马里、阿尔巴尼亚、缅甸、巴基斯坦、锡兰（今斯里兰卡）进行了友好访问。这也是中国国家领导人首次正式访问非洲。

周恩来此次访问的第

周恩来总理访问亚非欧十四国时戴的草帽

毛泽东主席和亚非拉朋友合影

一个国家是埃及。由于在万隆会议时周恩来就与埃及总统纳赛尔结为好友，埃及人民对他的访问表现出异乎寻常的热烈与欢迎。1963年12月14日中午，中国代表团专机抵达开罗机场，欢迎的人群情绪高昂，绵延数十里

1963 年 12 月 14 日至 21 日，周恩来总理访问埃及期间在开罗举行记者招待会

的埃及群众挥舞着旗子和举着横幅标语，热烈欢迎来自中国的友好使者。

晚上，纳赛尔总统设宴招待周恩来一行，并把一枚精致的"共和国勋章"亲自挂在周恩来胸前。周恩来发表了热情洋溢的讲话："今天，当我们作为中国人民的友好使者来到非洲的时候，我们看见的是一个觉醒的大陆，一个战斗的大陆。在这片被帝国主义者叫作'黑暗大陆'的辽阔土地上，自由的晨曦已经升起，帝国主义殖民体系正在不可避免地走向土崩瓦解。"一番真诚的话语，赢

历史掌故

中古建交

1959 年 1 月 1 日，古巴人民在菲德尔·卡斯特罗的领导下，推翻了亲美的巴蒂斯塔反动独裁统治，取得了古巴革命的胜利，建立了新的人民革命政权。美国政府采取军事威胁、政治孤立和经济封锁等一系列措施，企图扼杀新生的古巴革命政权。而中国人民对古巴的革命胜利给予了充分支持。1960 年 8 月 28 日，在美国操纵下，第七次美洲国家外长会议通过了一份攻击古巴革命、干涉古巴内政、诬蔑中国和苏联等社会主义国家的《圣约瑟宣言》，这激起古巴人民的极大愤怒。9 月 2 日，哈瓦那举行了百万人参加的古巴人民全国大会，卡斯特罗在会上强烈谴责了美国，并宣布立即断绝同蒋介石集团之间的一切关系，改同中华人民共和国建立外交关系。同年 9 月 28 日，中古两国政府发表联合公报，正式建交。古巴成为第一个与中国建交的拉美国家。

得了热烈的掌声。

随后，在与埃及官员的会谈中，中国提出了处理同阿拉伯和非洲国家关系的"五项原则"，包括：支持各国人民反对帝国主义和新旧殖民主义、争取和维护民族

1964年2月1日至4日，周恩来总理访问马里

独立的斗争；支持各国政府奉行和平中立的不结盟政策；等等。这些得到了阿拉伯和非洲国家的积极响应。

在访问马里时，周恩来提出了中国对外经济技术援助的八项原则，包括：根据平等互利的原则对外提供援助；严格尊重受援国的主权，绝不附带任何条件，绝不要求任何特权；以无息或低息贷款的方式提供经济援助，以尽量减轻受援国的负担；等等。这些充分体现了中国同广大亚非国家进行经济、文化合作的真诚愿望。

周恩来一行的访问历时 72 天，行程十几万千米，横跨亚非欧三大洲，向 14 国人民传递了中国人民的真诚友谊，增进了中国同这些国家的相互了解和友好关系。

这一时期，中国对古巴、巴拿马等拉美国家人民反美斗争的支持也产生了相当影响。1959 年，古巴革命取得胜利后宣布走上社会主义道路。1960 年 9 月 28 日，中国和古巴宣布建交，古巴成为与中国建交的第一个拉丁美洲国家。

上述外交活动增进了中国同亚非拉国家人民的友谊，彰显了中国对外政策的立场，提高了中国的国际地位和国家声望。中国与亚非拉国家关系的发展也随即进入了新阶段。

5. 中法建交

中华人民共和国成立后，以美国为首的西方国家继续支持在台湾地区的国民党当局，同时对中国政府采取孤立、遏制政策。直到 1964 年，西方大国中除英国和中

首任驻法大使黄镇向法国总统戴高乐递交国书

国有半外交关系外，没有一个国家同中国建交。

在 20 世纪五六十年代美苏两个超级大国都力图称霸世界的情况下，中国在加强与亚非拉国家友谊的同时，也期望开展同西欧国家的交往。1958 年，戴高乐总统在法国重新执政后奉行独立自主政策，主张"欧洲人的欧洲"，反对美苏两个超级大国主宰世界。为实现法国的外交战略，戴高乐谋求改善同中国的关系，并多次表示同中国建立外交关系是必要的、不可避免的。也就是说，当时中法双方都有改善关系的愿望。

1963 年 10 月，法国前总理富尔奉总统戴高乐之命，以私人身份访华，传递戴高乐希望和中国建立正常外交关系的愿景。毛泽东、刘少奇、周恩来、陈毅等中国领导人与富尔进行了多次会谈，谈判的核心是如何处理法国同台湾当局的关系。

中国政府坚持，凡同中国建交的国家，必须同台湾当局断绝"外交关系"。周恩来明确表示：中国反对"两个中国"的立场是坚定不移的，"台湾问题解决之前，不能建立外交关系和交换大使"。富尔则提出：法国准备承认中华人民共和国，承认只有一个中国，但希望中国不要坚持法国先主动同台湾当局"断交"。因此，谈判一度陷入僵局。

考虑到中法建交有利于打破西方国家的封锁和包围，对发展中国同西方国家的关系有着重要意义，中国在坚持反对"两个中国"的原则立场的同时，对建交的具体步骤采取了灵活做法，即不要求法国先宣布同台湾当局"断交"，而是等中法双方就法国承认中华人民共和国政府是中国的唯一合法政府达成默契时，中法先宣布建交，再由此导致与台湾当局"断交"。因为按照国际惯例，承认一个国家的新政府，不言而喻地意味着不再承认被这个国家的人民所推翻的旧的统治集团。

由中法建交而促使台湾当局先提出法台"断交"，这照顾到了法国政府的处境和困难。接着，双方代表在瑞士就建交的具体事宜进行了正式谈判。

1964 年 1 月 27 日，中法两国发布了建交公报。同时，根据双方事先商定的协议，中国就中法建交发表声明，提出：中华人民共和国政府是作为代表中国人民的唯一合法政府同法兰西共和国政府谈判并且达成两国建交协议的。中国政府重申，台湾是中国的领土，反对制造"两个中国"的任何企图。在这种情况下，台湾当局不得不宣布断绝同法国的"外交关系"，撤走其驻法国的"外交代表机构"。法国也宣布相应撤回其驻台湾地区的"外交代表机构和人员"。随后，中法两国互派大使到任。就这样，法国成为西方大国中第一个同中国正式建立外交关系的国家。

中法建交震动了世界，如同在西方阵营中扔下了一枚核弹。中法建交，打破了以美国为首的西方国家孤立中国的图谋，是中国与西方国家关系改善的重大突破。

6. 中美和缓

20 世纪 60 年代末到 70 年代初，国际形势发生了巨大变化。在美苏两大国的军备竞赛中，美国因深陷越南战争泥潭而处于劣势，苏联占据优势。同时，因中苏关系恶化，苏联陈兵边境威胁中国。1969 年，尼克松就任美国总统后，希望通过改善对华关系来抗衡苏联，并谋求从越南脱身，遂向中国政府流露出改善关系的意愿。

1969 年 7 月，美国宣布对中美之间人员往来和贸易交流放宽限制。1970 年 1 月，经美方首先提出，中美大使级会谈在华沙恢复举行。同时，美国还通过第三国向中国转达谋求关系正常化的信息。中国对此做出了积极回应。1970 年 12 月，毛泽东主席在会见美国著名记者、作家埃德加·斯诺时表示："如果尼克松愿意来，我愿意和他谈。"斯诺返美后，美中两国通过各种渠道，加快了相互接近的步伐。

人物故事

埃德加·斯诺

　　埃德加·斯诺是美国著名记者，1905年出生于美国密苏里州，1928年来华，曾任欧美几家报社驻华记者、通讯员，并兼任北平燕京大学新闻系讲师。1936年6月，他只身访问陕甘宁边区，采访了毛泽东等许多中共领导人，成为第一个采访红区的西方记者。次年，斯诺根据自己的亲身经历写出了《红星照耀中国》(《西行漫记》)，该书在海内外出版后，在中外进步读者中引发轰动。中华人民共和国成立后，斯诺曾3次来华长期访问，并与毛泽东主席会面。他也因此在美国遭受麦卡锡主义者的迫害，以致举家移居瑞士。1972年，斯诺病逝于瑞士。遵照其遗愿，他的部分骨灰被葬在中国北京大学未名湖畔。

　　1971年3月，在日本名古屋参加世界乒乓球锦标赛的美国乒乓球队在与中国乒乓球队的接触中，表示希望能访问中国。消息传回国内，毛主席决定邀请美国乒乓球队访问中国，以中美人民之间的交往作为拉开两国官

1971年4月，周恩来总理在北京会见美国乒乓球代表团，从此打开了中美交往的大门，这就是著名的"乒乓外交"

方关系的序幕。4月10日，美国乒乓球队踏上中国的土地，受到中国人民的热烈欢迎。这是中华人民共和国成立后第一个应邀访华的美国团体，引起国际轰动。访华期间，周恩来总理在人民大会堂会见美国队员时说："你们这次来，打开了两国人民友谊的大门。"作为回报，中国乒乓球队接受了美国乒乓球队访美的邀请。美国乒乓球队访华打开了两国人民友好往来的大门，被外交界称作"小球转动大球"。此后，中美两国开始实质性接触。

　　经反复协调，1971年7月，美国总统特使基辛格秘密访华，为尼克松总统访华进行细致周密的准备。双方

1972 年 2 月，美国总统尼克松访问中国。图为毛泽东主席在中南海会见尼克松

会谈后发表公告宣布：尼克松总统将于 1972 年 5 月前的适当时间访问中国；中美两国领导人的会晤，是为了谋求两国关系的正常化，并就双方关心的问题交换意见。公告的发表震惊世界。

1972 年 2 月 21 日，尼克松抵达北京对中国进行访问。毛泽东接见了尼克松。中美双方经反复磋商达成协议，2 月 28 日，两国在上海发表《联合公报》，强调双方同意以和平共处五项原则来处理国与国之间的关系。

双方郑重声明：中美两国关系走上正常化是符合所

有国家的利益的。

中国方面重申：台湾问题是阻碍中美两国关系正常化的关键问题，中华人民共和国政府是中国的唯一合法政府，台湾是中国的一个省，全部美国武装力量和军事设施必须从台湾撤走。

美国方面声明：美国认识到，台湾海峡两岸的所有中国人都认为只有一个中国，台湾是中国的一部分，美国政府对这一立场不提出异议。双方还表示，将为逐步开展中美贸易以及进一步发展两国在科技、文化、体育等领域的交流提供便利。《联合公报》的发表是中美关系史上的里程碑。

它标志着两国关系正常化的开始，为以后中美关系的进一步改善和发展打下了基础。

7. 中日邦交正常化

中日两国一衣带水，两国人民有 2 000 多年友好往来的悠久历史。但自 1894 年甲午战争以来的半个世纪里，日本军国主义不断对华发动侵略战争，给中国人民带来了深重的灾难，也给本国人民带来了苦难。中华人民共和国成立后，日本政府追随美国采取敌视中国的政策，但广大日本人民却渴望同中国人民发展友好合作关系。

新中国将日本人民和少数日本军国主义分子加以区分，把重建和发展中日睦邻友好关系放在外交政策的重要地位。1952 年 6 月，中日签订第一个民间贸易协定，打开了两国民间交往的大门。1953 年 3 月，中国政府本着人道主义精神和增进两国人民友好的愿望出发，先后护送 3 万多名日侨回国。1955 年 11 月，中日签订了第一个民间文化交流协定。1956 年 6 月，中国做出对 1 067 名日本战犯免予起诉、分批释放回国的决定。1958 年 7 月，遵照周恩来总理的指示，中方明确提出了中日关系正常化的"政治三原则"：日本政府不再发表敌视中国的言论，不参与制造"两个中国"的阴谋，不阻挠两国正常关系的发展。该原则为中日关系正常化奠定了基础。1960 年 8 月，为争取中日关系能有较大进展，中国方面又提出

1972 年 9 月 29 日，中日双方签订《中日联合声明》后，周恩来总理和田中角荣首相相互交换文本

对日"贸易三原则"，即争取通过政府协定、民间合同、个别照顾 3 个渠道，促进中日贸易的发展。这样就形成了"政治三原则""贸易三原则"和"政经不可分"的对日方针，为中日关系的发展开创了新局面。1962 年下半年，中日签订贸易备忘录和贸易议定书。两国贸易额急剧上升，两国往来更加频繁，互访人员迅速增加。随之，两国互设办事处，互派记者。中日关系在民间基础上向前迈进了一大步，开始了半官半民的新阶段。

进入 20 世纪 70 年代，日本人民要求中日邦交正常化的呼声越来越高。1971 年 10 月，中国恢复了在联合国的合法席位。次年 2 月，美国总统尼克松访华，双方在上海发表《联合公报》。这对日本政坛形成了强烈冲击，日本朝野强烈要求尽快争取中日建交，为日本取得与中国在政治、经济等方面同他国竞争的有利地位。7月，田中角荣出任日本首相，并表示把实现中日邦交正常化作为首要任务。此后，中日邦交正常化加速。9月25 日，田中角荣首相访问中国。周恩来总理与田中角荣就中日邦交正常化问题举行了多次会谈。29 日，两国政府首脑签署了联合声明，宣布：即日起两国不正常状态宣告结束，双方建立外交关系并尽快互派大使，两国决心在和平共处五项原则基础上建立持久的和平友好关系。日本政府承认中华人民共和国政府是中国的唯一合法政府。日本痛感过去由于战争给中国人民造成的重大损失，并表示深刻的反省。中国政府宣布，为了中日两国人民的友好，放弃对日本的战争赔偿要求。同日，日本宣布同台湾当局断绝 "外交关系"。两国长期敌对的历史由此结束，两国睦邻友好的新篇章也就此拉开。